Joachim Schröder

Plaudereien bei der Heuernte …

Eefeler Verzellcher
Band II

ELV

Allen Eifelfreunden aus Nah und Fern gewidmet

Joachim Schröder

Plaudereien bei der Heuernte ...

ELV

Eifeler Literaturverlag 2022

1. Auflage 2022

Eifeler Literaturverlag
Verlagsgruppe Mainz
Süsterfeldstraße 83
52072 Aachen
www.eifeler-literaturverlag.de

Gestaltung, Druck und Vertrieb:
Druck & Verlagshaus Mainz
Süsterfeldstraße 83
52072 Aachen
www.verlag-mainz.de

Umschlaggestaltung: Dietrich Betcher, unter Verwendung eines
Fotos aus dem Privatarchiv des Verfassers

ISBN-10: 3-96123-037-4
ISBN-13: 978-3-96123-037-2

Inhalt

An alle Leserinnen und Leser!

Gott zum Gruße!

Wir kennen alle Wege;
Ein jeder Pfad ist uns bekannt.
Wir wandern durchs Gehege,
Denn unser ist das weite Land.
Wir wandern, wir wandern.

Was andre mühsam suchen,
Ist uns von Jugend an vertraut.
Wir rasten unter Buchen
Und stapfen durch das Heidekraut.
Wir wandern, wir wandern.

Die Wiesen sich erhellen,
Die Wälder blühn nach unserm Sinn.
Wir finden nach den Quellen
Und nach den Silberbächen hin.
Wir wandern, wir wandern.

Vom Berge grüßt Gemäuer,
Ein grauer Turm, er lockt uns recht.
Hier saß der Ahn, uns teuer;
War er der Herr, war er der Knecht?
Wir wandern, wir wandern.

Und will der Tag vergehen:
Die Nacht ist gut und ohne Graun.
Viel' liebe Menschen stehen
Und warten hinterm Gartenzaun.
Wir wandern, wir wandern.

Viel' treue Herzen schlagen,
Die kennen uns seit langer Frist.
Wir brauchen nicht zu fragen,
Wo Herberg uns und Heimat ist.
Wir wandern, wir wandern.

Mein Lebensmotto

Ich bin nicht auf der Welt,
um so zu sein,
wie andere mich gerne hätten.

Ergo:
Leben und leben lassen!

MEIN MOTTO

Ich hab' keine Angst

Songtext

Ich hab keine Angst
Ich weiß mich zu wehren
Ich lass mir mein Ich
Nicht so leicht versehren

Ich hab keine Angst
Mir nicht treu zu bleiben
Nur das, was ich will
Werd ich unterschreiben

Ich hab keine Angst
Mich kriegt niemand klein
Stellt sich ein Problem
Stell ich mich drauf ein

Ich hab keine Angst
Ich hab keine Angst
Das sag ich so lang
So lang, bis ich's glaube

Ich hab keine Angst
Keine Angst vor Krisen
Hab ich nicht grad dann
Immer Mut bewiesen

Ich hab keine Angst
Mich kann nichts erschrecken
Man muss nur den Feind
Früh genug entdecken

Ich hab keine Angst
Nein, sie lähmt mich nicht
Ich seh der Gefahr
Offen ins Gesicht

Ich hab keine Angst
Nein, sie lähmt mich nicht
Ich seh der Gefahr
Offen ins Gesicht

Ich hab keine Angst
Ich hab keine Angst
Ich kann neuerdings
nur nicht mehr gut schlafen

Ich hab keine Angst
Etwas zu versäumen
Doch ich kann schon lang
Lange nicht mehr träumen

Milva

HEIMAT ist …

(Aphorismen – mal bitterernst, mal launisch)

Heimat ist kein Wort, kein Ort – Heimat ist Gefühl.

Heimat ist, wo mein Herz schlägt.

Heimat ist, wo es nach Reibekuchen duftet und nach Gülle stinkt.

Heimat ist, wo die gefallene Weide mir jeden Tag ins Auge fällt und aus dem toten Stamm neues Leben sprießt.

Heimat ist, wo meine Mutter den Hausarzt ersetzte und meinen lädierten Finger wieder »zusammenfügte«.

Heimat ist, wo es jeden Tag »en juut Schmirr« gab – mal mit »Marmelitschka«, »Hunnisch«, »Zarup« oder »Zocker«. Oder Haferflocken mit Milch und Kakao.

Heimat ist, wo ich einst Zahnweh hatte und kein Arzt weit und breit zu finden war.

Heimat ist, wo der kleine Kuhhirte mit acht Jahren bei Hochwasser an der Prüm die Kontrolle über seine vier Kühe verlor, aber letztendlich dann doch nach Hause führen konnte. (Dank an meine damalige Nachbarin Gredi (†), die mir beistand).

Heimat ist, wo ich einst beim Viehtrieb von einem Hund gebissen wurde, diesen Vorfall verschwieg und mich zu Hause wegen der kaputten Hose fast zu Tode schämte.

Heimat ist, wo ich einst den Lehrer (aus Verlegenheit) belog und dafür heftig büßen musste (drei Tage »Stubenarrest«).

Heimat ist, wo einen viel erwartet und es auch einiges an Kraft kostet.

Heimat ist Nährboden für Wachstum, Reife und Ernte – bei Mensch, Tier und Pflanze.

Heimat ist mein künftiger Gottesacker. Ich bin nur Gast auf Erden und wand're ohne Ruh' … der ewigen Heimat zu.

FAZIT:

> Heimat kann vielfältig sein – mal bunt wie ein Karnevalskostüm, mal verstaubt wie ein Kartoffelsack – und verlässt mich letztlich – ohne mich zu fragen.

Joachim Schröder (2022)

Aus der Gottesapotheke

Nicht nur Essbares entstammte dem altehrwürdigen Bauerngarten

Der Nutzgarten früherer Zeit bot eine große Vielfalt. »Überall ist ein Kraut gewachsen«, sagte dazu angemessen der Volksmund. Natürlich gab es auch »Unkräuter«, doch auch diese fanden vielfach eine Nutzung in der häuslichen Küche. Die Hausfrau nannte ihren Garten auch – bezeichnend! – Gottesapotheke. Etliche Gewächse galten gar als Heilmittel und Wunderkraut. Im Folgenden sollen exemplarisch ein paar Heilpflanzen dargestellt werden, die früher in jedem Garten ein Plätzchen hatten.

Die Kamille

Im Volksglauben der Eifeler Bevölkerung nimmt die Kamille einen überragenden Platz ein. Als »Mutterkraut« spendete sie vornehmlich den Frauen ihre Heilkraft. So heißt es von ihr im Volksmund, dass »jedes Frauenzimmer vor einer am Wege stehenden Kamille einen Knicks machen solle.« Die Kamille soll in der Johannisnacht gepflückt werden, da so die volle Heilkraft erreicht werde. Legt man sie zu »kranken« Pflanzen, werden diese ebenso geheilt. Kamille war als heißes Getränk, Badezusatz oder Umschlag ein besonders wertvolles Heilmittel gegen Blähungen, Krämpfe und Koliken, darüber hinaus als Gurgelwasser und Wundheilmittel beliebt. Nach einem Kräuterbuch aus dem Jahre 1733 »stillet die Kamille das Stechen und benimmt das Keichen, öffnet die verstopfte Milz und vertreibet den Geschwulst des Magens.« Da die Kamille den Eifelbewohnern geradezu »bis vor die Haustür« wuchs, entstand eine besonders »liebevolle Beziehung« zueinander. Dankbar verbeugte man sich vor der Pflanze, pflückte sie ehrfurchtsvoll und hängte sie an Türen und Ställen als Schutzmittel gegen Seuchen, Blitz und Unwetter auf. Natürlich fand die Pflanze auch den Weg in den beliebten »Krautwisch«, was bis zum heutigen Tage fortdauert.

Das Johanniskraut

Auch das Johanniskraut nimmt in der »Herrgottsapotheke Garten« einen besonderen Platz ein. Geradezu auffallend ist der hohe Respekt, mit dem ältere Menschen dem »Kraut« begegnen. Wegen der blutroten Flecken an den Blättern klingen christliche Vorstellungen an in den Namen »Blutkraut«, »Herrgottswundkraut«, »Johannisblut«, während die Bezeichnungen »Donnerkraut« und »Hexenkraut« auf heidnische Ursprünge verweisen. Das Johanniskraut galt als wirksames Schutzmittel gegen Blitz und Feuersgefahr. In der nördlichen Eifel wurden auch Kronen und Kränze geflochten und als »Blitzableiter« auf die Dächer der Häuser, Ställe und Scheuen geworfen. Kranken Kindern wurde das Kraut in die Betten gelegt oder dem Vieh unter das Futter beigemischt. Mädchen pflückten das Johanniskraut in der Nacht, um auf ihren Freier zu schließen. Bedeutende Heilwirkungen sind der Pflanze zuzuschreiben bei allen Verletzungen, besonders Schürfwunden, Rissen und Narben der Haut. Auch gegen Kopfläuse und Würmer fand es Verwendung.

Der Holunderstrauch

Mit dem Holunderbusch assoziierten die Menschen Naturfreude, Wohlbefinden und Optimismus. Der Strauch galt als schützender Lebensbaum, später als »Baum des

Hauses« und »Strauch des Segens«. Vor ihm verbeugten sich die Menschen und sprachen ein Gebet. Als Spender von Heilmitteln gegen Krankheiten vieler Art war der Holunder volksbeliebt. Frucht, Holz, Mark, Blüte, Saft, Rinde und Wurzel standen hoch im Kurs. Alles nutzte man für Tees gegen Fieber, Gischt, Zahnweh, Husten und Heiserkeit. Der Wurzeltee galt als Mittel gegen Wasser- und Fettsucht, Tee aus der Rinde gegen Herzbeschwerden und Nierenleiden, geschabte Rinde als Brechmittel bei Vergiftungen. Holunderblüten wurden auch ins Brot gebacken zu so genannten »Hollerküchelni«, deren Verzehr gegen Krankheit im kommenden Jahr bewahren solle. Auch »Frau Holle« hat von diesem beliebten Strauch ihren Namen erhalten – sie steht für Gesundheit und Fruchtbarkeit. Verstorbenen wurde ein Kreuz aus Holunderholz in den Sarg gelegt, der Holunderstab war die Maßeinheit für die Größe des Sarges und ein Zweig die »Peitsche« des Totenkutschers.

Der Haselbusch

In der Eifel galt der Haselbusch als besondere Kulturpflanze am Gartenrand. Sehr beliebt waren in Küche und Backes die ölhaltigen Nüsse. Die Rute galt als Zuchtmittel und Wünschelgegenstand, die so genannte »Lebensrute« sollte ungesunde Strahlungen beseitigen und fruchtspendende Kräfte entfalten. Auch war der Hasel als religiöses Abwehrmittel gegen Hagelschlag bekannt: Ruten wurden beim Neubau ins Gebälk gesteckt, Haselzweige in die Ställe gehangen, Wanderstäbe gefertigt und mit einem Kreuz versehen. Hasel wurde vornehmlich als »Gewitterschutz« in Obstgärten (Bungerte) gepflanzt, gebündelte Haselzweige stellte man ans Fenster oder ans Bett, um Gewitter abzuwenden.

Der Wacholder

Am Gartenrand des alten Bauerngartens befand sich meistens auch der Wacholder, wenn er auch schwierig anzusiedeln war. Aber den Eifelern galt er immer als mystisch und geheimnisvoll. Der »Charakterbusch« fand vielfache Verwendung – so etwa beim Räuchern des Fleisches oder der Wurstwaren. Auch als »Dekor« bei der Weihnachtskrippe war er unentbehrlich. Den Strauch hielt man für einen wahren Wunderdoktor. Die Beeren wurden für das Sauerkraut und für den Schnaps verwendet, der die Verdauung anregte. Getrocknetes Reisig wurde in Krankenzimmer aufgestellt, um schädliche Keime zu bekämpfen. Als »Räuchermaterial« diente der Wacholder zudem dazu, böse Dämonen abzuwehren – mit Gebeten und rauchenden Wacholderzweigen wurden Wohnung, Stall und Scheune »ausgeräuchert«, dem Vieh gab man Wacholder als Heilmittel ins Futter.

Der Weißdorn

Große Bestände von Weißdorn schmückten den alten Bauerngarten, zumeist als Hecke am Westrand. Besonders im Mai war ihr Duft betörend – mitten in der Blütezeit. Der Weiß- oder Hagedorn war optisch wie medizinisch eine große Bereicherung. Unbestritten und längst nachweisbar ist in der Volksmedizin die wohltuende Wirkung für das geschwächte Herz. So hilft der Weißdorn bei unregelmäßiger Herzschlagfolge. Blüten sind ebenso für Tees geeignet wie Rinde, Blätter und Beeren. Aus den Gärten ist der Dorn vielfach verschwunden, dafür zieren seine Büsche ganze Hänge, Wegeböschungen, Dämme und lichte Wälder bis auf den heutigen Tag – zusammen mit der volksbeliebten Schlehe.

Der Salbei

»Wer ewig leben will, der esse Salbei im Mai.« Ein medizinischer Merkvers wie der folgende: »Wuechse ein kräutlein for den todt, es wer fürwar die salb ohne spot.« Von Benediktinermönchen wurde der Salbei in die heimischen Gärten gebracht. Als Gurgel- und Spülmittel für Mund, Rachen und Hals war der Salbei höchst angesehen. Jeder wusste, dass man mit Salbei als Tee-Aufguss grippalen Infekten und Entzündungen vorbeugen konnte. Die Blätter gelten zudem als verdauungsfördernd und kreislaufstärkend. »Wer einen Salbeistock, einen Enzian und einen Wermut im Garten hat, hat gleich eine ganze Apotheke zusammen«, urteilte Sebastian Kneipp. Gerade die raue Eifel erfreute sich dieses Heil- und Wundermittels Salbei.

Der Hauswurz

Der Hauswurz gehörte neben Brennnessel und Königskerze, die ebenso den Bauerngarten in der Mitte schmückte, zu den so genannten »Gewitterblumen«. Dach- und Donnerwurz hieß die schmucklose Pflanze auch und diente als Abwehrmittel gegen Gewitter und Brandschlag. Neben »Wetterkerze«, »Wetterläuten« und dem volksbeliebten »Krautwisch« wurde dem Hauswurz eine blitzabweisende Funktion zugeschrieben.

In den Eifeler Volksgarten gehörten zudem weitere Blumen, Kräuter und Sträucher, die heute in die Landschaft abgewandert sind. Dazu gehören Veilchen, Schlüsselblumen, Besenginster, Wegwarte, Schafgarbe, Fingerhut, Kornblume, Kornrade. Besonders die Wegwarte galt als »edel Kraut«. Selbst Löwenzahn war im Garten willkommen – Salat und Tee bildeten eine Grundlage für die Küche, besonders im Frühjahr.

Balladen, Moritaten und vielerlei Geschichten

Früher verkauften fahrende Sänger und Händler ihre »neuesten Lieder« in Liedflugblättern auf Märkten und unterwegs in Dörfern und Städten. Bänkelsänger trugen ihre oft schaurigen Ereignislieder, Moritaten und Balladen auf öffentlichen Plätzen vor.

Die altüberlieferten Balladen wie »Graf und Nonne«, der »Tannhauser«, die »Bernauerin«, der »Dudlpfeifer« besingen zentrale Lebenssituationen der Menschen. Die Moritaten wie »Sabinchen«, »Mariechen«, »Lenchen« oder die »Räuberbraut« stammen aus dem Küchen- und Bänkelsängermilieu und sind in der Eifel kaum noch verbreitet. Ereignislieder berichten von Wildschützen und Helden, wie z.B. dem »Wildschützen« oder vom »Räuber Kneißl«. Humorvolle Schwanklieder erzählen von des »Schneiders Höllenfahrt«, »Adam und Eva« oder einem »Löffelschlager«.

Beispiele:

Bolle reiste jüngst zu Pfingsten

Bolle reiste jüngst zu Pfingsten, nach Pankow war sein Ziel,
da verlor er seinen Jüngsten, janz plötzlich im Jewühl.
Ne volle halbe Stunde, hat er nach ihm jespürt,
aber dennoch hat sich Bolle, janz köstlich amüsiert.

In Pankow gabs kein Essen, in Pankow gabs kein Bier,
war alles aufjefressen von fremden Jästen hier.
Nicht mal ne Butterstulle ham se ihm reserviert,
aber dennoch ...

Auf der Meerholzer Heide, da gabs ne Keilerei,
und Bolle – gar nicht feige – war mittenmang dabei.

Hats Messer rausjezogen und fünfe massakriert, aber dennoch ...

Es fing schon an zu tagen, als er sein Heimerblickt. Das Hemd war ohne Kragen, das Nasenbein zerknickt, das linke Auge fehlte, das rechte marmoriert, aber dennoch ...

Zuhause anjekommen, da gings ihm aber schlecht, da hat ihn seine Olle janz mörderisch verdrescht. Ne volle halbe Stunde hat sie auf ihm poliert.

Da schweigt des Sängers Höflichkeit

Als der liebe Gott die Welt erschaffen
da schuf er Vögel Rindvieh und auch Affen.
Und mitten in die große Welt
hat er den Adam ganz alleine hingestellt
als nun dieser ist allein geblieben
folglich keinen Handel hat getrieben
sagt, womit vertrieb er sich die Zeit?
Das verschweigt des Sängers Höflichkeit.

Als die Langeweil den Adam plagte
kam der liebe Gott zu ihm und sagte:
Es ist nicht gut, wenn Menschen so allein
ich will mit einer hübschen Gattin dich erfreuen.
Eine Gattin, ei nun meinetwegen
wenn ihr wollt könnt ihr mir eine geben
sagt, ob sich der Schelm darauf gefreut?
Das verschweigt des Sängers Höflichkeit.

Als nun Adam schlief, ist Gott gekommen
hat eine Rippe ihm aus seinem Leib genommen
und hat sich gar nicht lang darauf bedacht
und hat ein kleines hübsches Weib daraus gemacht.

Als der Adam dann vom Schlaf erwachte
und die Eva freundlich ihn anlachte.
Sagt, ob seine Ripp' ihn noch gefreu.

um 1830 – unbekannt

Eifeler Bräuche ohne Zukunft?

Wer nicht von dreitausend Jahren
sich weiß Rechenschaft zu geben,
bleib im Dunkel unerfahren,
mag von Tag zu Tage leben.

(Johann Wolfgang von Goethe)

Besseres kann kein Volk vererben
Als ererbten Väterbrauch.
Wo des Landes Bräuche sterben,
stirbt des Volkes Blüte auch.

(Volksgut)

Ob man nun den Spruch des weisen Gelehrten oder die Weisheit des Volkes zugrunde legt – beide Zitate drücken dasselbe aus. Bräuche sind Volksgut, ja ein Stück Kultur. Einmalig für eine Region, unverwechselbar und notwendig. Sie spiegeln das wider, was sich ein Volk, eine Region, eine Kulturlandschaft über Jahrhunderte erarbeitet und bewahrt hat. Ob Mundart, Liedgut, Moden oder praktische

Handlungen – Bräuche »verraten« etwas von Traditionsbewusstsein, Identität und Einsatz für eine gewisse Heimatregion, für Menschen und deren Ort.

Wenn wir von »Brauchtum« reden, ist zumeist von »Volksbrauchtum«, religiösem oder ländlich-bäuerlichem Brauchtum die Rede. Bräuche sind im Volk »gewachsen«, nicht verordnet. Bräuche werden »gebraucht«, besser gesagt angewendet, um mit ihrer Hilfe gewisse Dinge symbolisch oder in der Praxis zu erklären. Außerdem haben sie den hohen Stellenwert, zur Sozialisierung beizutragen und damit einen wichtigen Dienst für die Allgemeinheit wahrzunehmen.

»Brauch ist, was die Sitte verlangt«, sagte früher der Volksmund. Also trug man im Todesfall Trauerkleidung, lüftete zum Gruß den Hut, beglückte Kinder am ersten Schultag mit einer Bonbontüte, tauschte zur Verlobung die Ringe und sang Mundartlieder, wenn es um das Erbitten einer Gabe ging. Somit brauchte ein Brauch auch immer ein Stück Öffentlichkeit, denn er war und ist nie Selbstzweck, sondern er ergibt nur im Kontext mit anderen Sinn. Brauchtum meint in aller Regel das ländlich-religiöse Brauchtum, denn dieses hat in den vergangenen Jahrhunderten eine ungeheure Vielfalt, Größe und Wichtigkeit erlangt. In Zeiten ohne Fernsehen und Handy war die Ausübung der Bräuche und der Gebrauch der »guten Sitten« oft die einzige Möglichkeit, zu kommunizieren, zu feiern oder sich gemeinsam zu begegnen. Mit der Einführung neuer technologischer Hilfs- und Spielmittel – etwa ab 1960 – sank die Zahl der Brauchhandlungen rapide. Meine Recherchen haben ergeben, dass die Zahl der Bräuche in der westlichen Eifel von etwa 85 auf unter zehn gesunken ist. Hinzu kommt, dass sich der Charakter der Bräuche und das Engagement der Brauchträger erheblich verändert haben. Nicht selten ersetzen Missbrauch und »ungute Sitten« die überlieferte Tradition.

Bräuche wurden und werden zumeist durch Feste im Jahreskreislauf vorgegeben: Fastnacht, Ostern, Johannisfeuer, Kirmes, Allerheiligen, Advent und Weihnachten, um nur wenige zu nennen, waren Hochfeste des ländlichen Brauchtums. Hinzu kamen familiäre Anlässe wie die Geburt eines Kindes, die erste heilige Kommunion, Hochzeit und Tod eines Menschen. Auch Hausbau, Namensfeste und Besuche lieferten Anlässe in Fülle.

Nachbarn, Handwerker, Burschenschaften, christliche Vereine, Schulgemeinschaften, Messdiener, Mädchenorganisationen oder Bruderschaften traten oftmals geschlossen als Brauchträger auf, Seltener waren es kleine Gruppen, zumeist Jungen, umso öfter dagegen die ganze Dorfgemeinschaft, die einen Brauch praktizierte. Einen Brauch galt es früher »geheim zu halten«, damit er keine Kreise ins Nachbardorf schlug, sondern Identifikation unter den Beteiligten stiften konnte. Dies hatte allerdings oft zur Folge, dass Streitigkeiten auftraten und wegen ordnungswidrigen Verhaltens ein Brauch verboten wurde. Missbrauch war dem eigentlichen Brauch oft sehr nahe stehend, so dass auch seitens der Kirchenbehörden häufig eingeschritten werden musste.

Eine Brauchhandlung wurde oder wird vollzogen, »weil es immer so war«. Ohne Reflexion wurden Bräuche übernommen und weitergepflegt. So kam es dazu, dass heutzutage die wenigen Brauchträger oft nicht erklären können, woher der Brauch kommt oder was er symbolisiert. Tänze um das Johannisfeuer, Heischegänge und Lärmschlagen, Umzüge oder das Maibaumstellen – kaum ein Jugendlicher weiß noch, wo der Ursprung liegt. In Zeiten des absoluten Konsums ist es schwer, Bräuche zu erklären und zu begründen.

Weihnachtskrippen gibt es im Otto-Versand, Fastnachtskostüme im Verleihgeschäft und gefärbte Ostereier im Supermarkt (und das nicht nur zur Osterzeit!).

Die Volkskunde hat auf die Frage nach Ursprung und Bedeutung der Bräuche verschiedene Antworten gegeben. Jakob Grimm führte das Brauchtum auf mythologische Ursprünge zurück, Wilhelm Mannhard sah diese Ursprünge im »niedermythologischen« Bereich der Dämonen und Kobolde. So hatten viele Bräuche den Charakter der Dämonenabwehr oder des Fruchtbarkeitszaubers (z.B. Burgbrennen). Hinzu kam der Glaube an Magie und Analogiezauber, an Wettergötter und das Mondgeschehen.

Das Christentum verwarf all diese Begründungen und ersetzte die Bräuche durch religiöse Inhalte, da sie im Volk nicht auszumerzen waren. So wurde beispielsweise aus dem Vegetationskult ein Beten und Singen um gutes Gedeihen. Das Höhenfeuer, die Sonnenwendfeuer oder das Johannisfeuer wurden »umgedeutet« zu »Begrüßungsfeuern« des Frühlings, des Sommers oder zu Ehren eines Heiligen (z.B. St. Martin).

Heute ist viel an Brauchtumspflege verloren gegangen, was teilweise zu bedauern ist. Aber es gibt auch Hoffnung, denn andere Brauchhandlungen sind hinzugekommen. Dennoch bleibt der Verlust an tradiertem Brauchtum allgemein zu beklagen. Bräuche wirkten immer »verbindend«, stärkend und gemeinschaftsbildend. In Städten, aber auch in den Dörfern geht man heute andere Wege und ersetzt die Brauchhandlungen durch »modernere« Handlungen: Grillfeste, Ausflugsfahrten, Kinobesuch oder Kegeltour. Warum auch nicht.

Baum – mein Traum

Etwa 30.000 verschiedene Baumarten wachsen auf der Erde und einige dieser Bäume hatten schon immer eine besondere Bedeutung für den Menschen. Als Sitz der Götter, Reich der Feen, Hexen und Dämonen unserer Ahnen, Orte des Gerichts, verkörpern sie Kraft und Fruchtbarkeit, bieten Bäume uns mit ihrem Blätterdach im Sommer den erfrischenden schattigen Ruheplatz, spenden mit ihren Früchten Nahrung, liefern durch ihre Stämme Brenn- und Bauholz; nicht zu vergessen den Sauerstoff, den sie produzieren. Ohne den Sauerstoff, ohne ihr Filtersystem für Luft und Wasser könnten wir nicht leben.

Erst wenn
der letzte Baum gerodet,
der letzte Fluss vergiftet,
der letzte Fisch gefangen ist,
werdet ihr feststellen,
dass man Geld nicht essen kann!

(Erkenntnis der Creek Indianer)

In germanischen, keltischen, indianischen und anderen Schöpfungsmythen findet sich sogar der Glaube, dass es die Bäume waren, aus denen die Götter Menschen erschufen.

Wir Menschen können in ihren Wurzeln, dem Stamm, ihrer Krone, ihrem Blühen, Fruchtbringen und Verlieren der Blätter Parallelen zu unserem eigenen Leben entdecken.

Der Brauch, am Hochzeitstag oder bei der Geburt eines Kindes entweder im eigenen Garten oder in der Heimatgemeinde symbolisch für den Anfang ein Bäumchen zu pflanzen, ist sicher noch einigen bekannt, auch der Brauch, bei einer Hochzeit einen Baumstamm zu zersägen (symbolisch: Hindernisse beiseite räumen).

Im keltischen Baumkreis verbinden sich »Baumkenntnisse, uralte Zeiteinteilung und praktische Menschenkenntnis, gewürzt mit magischem Pfeffer und spirituellem Salz.« (Michael Vescoli)

Der Maibaum und der Weihnachtsbaum haben in der gesamten Eifel ihren Platz im Jahreskreis.

Es gibt in Deutschland sehr viele Gaststätten »Zum Grünen Baum« oder »Grüner Baum«. Beliebt sind auch die Namen »Zur Linde«, »Zur Eiche« oder auch »Zur Tanne« für ein Gasthaus.

Kann es etwas Schöneres geben als die Jahreszeiten eines Baumes?

Ein Baum steht in Schönheit von Jahr zu Jahr und behält seine Anmut und Würde. Seine Geheimnisse sind mitten in ihm, und er erzählt nichts von Menschen und ihren vorübergehenden Erlebnissen. Wir lernen etwas, wenn wir einen Baum betrachten. Ständig beschneidet er sich selbst, fortgesetzt wirft er alles Übermäßige ab. Wenn er an einer schwierigen Stelle wächst, sendet er tiefe Wurzeln hinab, um nach einem festen Halt zu suchen. Jedes Blatt ist einzigartig und schön – doch es dient auch dazu, giftige Stoffe aus der Atmosphäre zu entfernen, und sendet einen sauberen Duft aus, um uns vor der Hitze zu schützen. Neben einem Baum zu sitzen oder unter einer Eiche auf der Erde zu liegen ist der Gipfel des Genusses.

Zitate

Nur der Einsame findet den Wald;
wo ihn mehrere suchen,
da flieht er,
und nur die Bäume bleiben zurück.
(Peter Rosegger)

Die Wälder werden immer kleiner, das Holz nimmt ab, was wollen wir anfangen? Oh, zu der Zeit, wenn die Wälder aufhören,
können wir sicherlich so lange Bücher brennen,
bis wieder neue aufgewachsen sind.
(Georg Christoph Lichtenberg)

Wüsst' ich genau, wie dies Blatt
Aus seinem Zweig hervorkam,
Schwieg ich auf ewige Zeit still,
Denn ich wüsste genug.
(Hugo von Hofmannsthal)

Planst Du ein Jahr, so säe Korn.
Planst Du ein Jahrhundert,
so pflanze Bäume.
(Kuan Chung)

Alte Bäume behämmert der Specht am meisten.
(Wilhelm Busch)

Bau nicht zu sehr auf Worte stolz.
Selbst von den nettesten Kerlen.
Versprechen klingt wie Eichenholz,
das Halten ist von Erlen.
(Wilhelm Busch)

Wer möchte schon leben ohne den Trost der Bäume.
(Günter Eich)

Der Friede ist ein Baum, der eines langen Wachstums bedarf.
(Antoine de Saint-Exupery)

Im Leben geht es nicht darum, gute Karten zu haben, sondern auch mit einem schlechten Blatt gut zu spielen.
(Robert Louis Stevenson)

Ausgestorben: Der Feldhüter

Er gehört in die Kategorie ausgestorbener Berufe wie Hausierer oder Kesselflicker: der Feldhüter. Wächter und Wahrer, Hüter, Heger und Pfleger, solche Bezeichnungen dokumentieren das hohe Ansehen und die verantwortliche Tätigkeit des Feldhüters, der an der Mosel sein Pendant in der Gestalt des Weinbergschützen hat.

Mit dessen Machtfülle war unser Eifeler Naturmann nicht ausgestattet. Er besaß keine Polizeigewalt, führte keine Waffe mit sich und konnte nur selten eigenverantwortlich entscheiden. Was er mit sich führte war lediglich ein kräftiger Eichenstock, wenn denn einmal körperliche Gewalt vonnöten war.

Den amtlichen Charakter des Eifeler Feldhüters erkannte man an seiner hohen Schirmmütze. Ansonsten war er zivil gekleidet: Gummimantel und -stiefel im Winter, ordentliches Hemd und »Rock« (Jacke) in den übrigen Jahreszeiten.

Wo immer er auftrat, wann immer er unerwartet gesichtet wurde, der Respekt war allenthalben groß. Für die Bauersleute war er der »Freund und Helfer«, für die Dorfjugend, Wilderer und ortsfremde Touristen ein Schreckgespenst.

Was waren nun seine Aufgaben und worin bestanden seine Pflichten? Beruf und Bestallung des Feldhüters gehen weit in die Agrargeschichte zurück. Schon lange vor Erlaß des preußischen Feld- und Forstgesetzes von 1880 gab es Ordner der dörflichen Fluren und Marken. Das System mit Dreifelderwirtschaft, Wegelosigkeit und Flurzwang begründete wohl die Existenz des Feldhüters. So wird es zunächst seine ureigenste Aufgabe gewesen sein, die Einhaltung des Flurzwanges zu überwachen. Kein Landmann durfte vor Beginn der Feldbestellung oder Ernte über das Feld des anderen fahren oder eine Brachfläche einsäen. Wegen der Streulagen und großen Parzellenzersplitterung achtete der Feldhüter peinlich genau auf die Einhaltung dieser strengen Vorschriften, die im Polizeigesetz verankert waren.

In Gebieten mit geschlossener Erbfolge oder früher Flurbereinigungen war das Amt des Hüters schon zeitig überflüssig geworden. Der preußischen Dienstvorschrift lag zugrunde, einen geordneten Ablauf der bäuerlichen Arbeiten mit Hilfe des Feldhüters zu gewährleisten. Zudem sollte die Bauerngemarkung von ungünstigen Einflüssen Fremder bewahrt bleiben.

So schritt er über Felder, Flurwege und Äcker und schaute nach allem. Er kontrollierte den Bachlauf, sah nach den Obstbäumen in den Streuwiesen und Bungerten, beobachtete mit Argusaugen das Aufkeimen der Frucht, durchstreifte die jungen Fichtenschonungen und Baumkulturen. Frevler und allzu fesche Burschen, die er erwischte, erhielten eine gehörige Tracht Prügel, seltener blieb es bei lautstarken Mahnworten.

Als Heger und Schützer der Natur trat er auf den Plan, wenn das Fuhrwerk eines Bauern oder Händlers über einen mit einem Strohwisch gekennzeichneten Acker oder eine frisch eingesäte Wiese rollte. Fahrendes Volk wie Kesselflicker und Korbmacher galt es zu kontrollieren: sie mussten vor der Bannmeile des Dorfes mit ihrem Fuhrwerk parken. An Sonntagen galt sein ganzes Augenmerk den Spaziergängern und Touristen: sie durften weder die Wiesen betreten noch Blumen rupfen, Kornfeldränder antasten oder Äste knicken. Weidekätzchendiebe verfolgte er ebenso scharf wie Wild- oder Fischfrevler.

Zur Hütezeit des Viehs wachte er über die Nachbarfelder und die Wanderschafherden. Weiderechte wurden hier nicht immer so genau genommen. Doch galt es, junge Raps- und Roggenfelder besonders zu sichern. Nicht selten kam es mit fremden Schäfern zu handfesten Auseinandersetzungen.

Nur einmal gestattete er den vielen Kindern den Zugang zu den Blumen und Blüten in Wiesen und an Wegesrändern: vor den Tagen des Fronleichnamsfestes. Bereitwillig zeigte der Feldhüter den Kleinen Stellen, wo sie keinen größeren Schaden anrichten konnten und Blumen besonders üppig blühten.

Im Frühjahr wehrte er den »Flämmbuben«, die oftmals unterwegs waren und zündelten. Kranken Bäumen half er mit seiner speziellen Medizin und bestrich Wunden mit Baumwachs. Aufgewühlte Rübenkaulen deckte er sachgemäß ab, damit sie dem Winterfrost trotzen konnten. Nach den Herbst- und Winterstürmen brachte er verwehte Strohwische wieder ordnungsgemäß an und setzte beschädigte Vogelscheuchen wieder instand.

Er selbst lebte den Mitmenschen ein Leben im Einklang mit der Natur vor. Seine spärliche Hütte war mit einem Gärtchen umgeben und liebevoll versorgte er die Singvögel. Die Bienen summten und unzählige Blumen blühten. Er schuf sich einen Regenwasservorrat, von dem er in trokkenen Zeiten noch lange zehrte.

Der Eifeler Feldhüter – ein wahrer Landschafts- und Naturpfleger, Heger, Wächter und Wahrer bäuerlichen Tuns und Wirkens.

Seine sinn- und wirkungsvolle Tätigkeit könnte man heute dringender brauchen denn je.

Der frühere Leiterwagen

Ein äußerst wichtiges Gerät in der bäuerlichen Wirtschaft war früher der Leiterwagen. Ihn gab es in kleiner Ausführung als Handkärrchen mit vier, vereinzelt auch zwei Rädern und als großer Transportwagen für diverse Zwecke in der Land- und Forstwirtschaft.

Ein Leiterwagen ist ein hölzerner, zweiachsiger Wagen mit Deichsel, dessen Seitenwände einen geleiterten Aufbau haben. Im landwirtschaftlichen Einsatz wurden die Leitern mit so genannten Rungen befestigt, eisernen Stäben, die schräg im Aufbau des Wagens eingeschoben werden konnten. Durch die einfachen Umbaumöglichkeiten waren die Leiterwagen wichtige und vielseitig einsetzbare Transportmittel. Leiterwagen fanden in der Landwirtschaft vorwiegend zum erntemäßigen Einbringen von Stroh und Heu Verwendung. Wenn man die seitlichen Leitern abbaute, konnte damit auch Langholz und Mist gefahren werden. Auch Jauchefässer wurden mit Leiterwagen transportiert.

Als Zugtiere dienten Pferde, ein- oder zweispännig sowie Ochsen und Kühe. Mit der Verbreitung von Traktoren wurden die Leiterwagen weiter genutzt mit anstelle des

Ortscheits[1] angebrachter Zugöse. Kleine Leiterwagen, für die keine Zugtiere benötigt wurden, bezeichnet man in der Eifel einfach als »Wägelchen«. Sie wurden von Menschenhand gezogen und zumeist für Wäschetransporte an den Bach oder für das Heimschaffen von Reisig und Kleinholz genutzt.

Durch den offenen Aufbau sind Leiterwagen nur für den Transport genügend großer Güter geeignet, die nicht zwischen den Sprossen durchfallen. Für den Transport von losen Gütern wie Getreide oder Kartoffeln war ein Jutetuch im Wagen ausgelegt. Die Leitern konnten für den Transport von Mist auf den Acker gegen Bretter ausgetauscht werden. Der Mist wurde mit der Harke oder dem Karst vom Wagen gezogen und auf dem Feld verteilt.

Mit Musik auf die Heuwiese

Heuernte früher: Das hieß vier bis sechs Wochen schuften, hoffen und bangen und schließlich »ein Kreuz schlagen«. Der Dank galt dem Schöpfer, der eigene Fleiß wurde nicht erwähnt. Schweißtreibend war die Arbeit des Landwirtes, ehe nach dem Krieg die ersten Traktoren zum Einsatz kamen.

---

1 Das Ortscheit, auch Klippschwengel genannt, ist Teil eines Gespannes von Zugtieren. Es ist ein beweglicher Balken aus festem Holz oder Metall. Er dient als Verbindungsstück zwischen den Strängen, an denen die Zugtiere ziehen, und der Bracke, die wiederum am Wagen befestigt ist. Das Ortscheit verhindert bei einem Brustblattgeschirr durch seine Beweglichkeit, dass das Pferd sich die Schultern am Geschirr aufscheuert.

Bis in die 50er Jahre des letzten Jahrhunderts war die Heuarbeit Handarbeit. Mühselig das Mähen, endlos lange die Wende- und Dreharbeit und arbeitsaufwändig der Heimtransport. So dauerte früher der Heumonat nicht einige Tage, sondern mehrere Wochen. Auftakt der Heusaison war früher »um den Pittischdaach«, also um den Festtag »Peter und Paul« am 29. Juni.

Vor Jahrhunderten waren auf den grundherrischen Wiesen viele Leute aufgeboten, um bei gutem Wetter schnell die Ernte einfahren zu können. Hart und mühsam blieb die Arbeit des Landmannes bis in das 20. Jahrhundert, als erste Traktoren mit Mähbalken und Heuwender Einzug hielten. Um sich die Arbeit angenehmer zu gestalten, gab es auf großen Wiesen Musikanten, die zur Unterhaltung aufspielten. In mehreren Quellen ist die Rede, wie Flöten- oder Geigenspieler die Schnitter bei ihrer monotonen Arbeit begleiteten.

Bei der Einführung neuer Techniken hatte das Spielen und Singen ein jähes Ende. Aus Niederweis (Eifelkreis Bitburg-Prüm) ist belegt, dass das »Heusingen« mit dem Einzug der ersten Mähmaschine im Jahre 1884 aufgegeben wurde. Bis dahin war das Grasschneiden mit der Sense üblich, vielfach waren es mehrere Schnitter, die »im Takt« die Sense schwangen – eine mühselige Arbeit.

Gerd Zimmer aus Bitburg erinnert sich, wie er in den 50er Jahren in Betteldorf (Vulkaneifelkreis) als Kind in der Heuernte mitwirkte. »Vier bis fünf Wochen wurde geschuftet, erst gemäht, dann ausgestreut, abends zusammengeschlagen und gehopt. War das Heu trocken, wurde es mit einem Leiterwagen per Kuhgespann zur Scheune gefahren«, weiß Zimmer. Aus Pronsfeld (Eifelkreis Bitburg-Prüm) berichtet Peter Schröder, dass es frühmorgens galt, »nach dem Wetter zu sehen und das Heu auszuspreden«. Am Tag wurde es mehrfach gewendet: »Zumeist am Mittag und am Nachmittag«. Die Heuwiesen lagen »In der Laach«.

Beim Mähen bildete sich eine Grasreihe (»Strepp«), die je nach Wetter alsbald gewendet und abends »gehopt«, also auf den Haufen aufgesetzt wurde, wodurch man ein besseres Trocknen erreichte. Zum Einbringen wurden die Leiterwagen umgerüstet und mit einem »Wiesbaum« versehen, der die Heuladung bei der Heimfuhr zusammenpresste.

Franz Stroh aus Monzel (Kreis Bernkastel-Wittlich) hatte bis in die 80er Jahre einen Bauernbetrieb in Wengerohr. Er selbst hat noch als Jugendlicher die Sense geführt. »Noch vor dem Krieg erhielten wir eine Mähmaschine, die von Ochsen gezogen wurde«, erinnert sich der Ex-Landwirt. Mit dem Leiterwagen erfolgte die Heimfuhr: »Ein Doppelgespann Ochsen zog, der Leiterwagen mit Holzrädern wurde eigens verlängert für den Transport.« Seine Heuwiesen lagen auf der »Drieschwies« und dem ehemaligen Flugplatz.

HINTERGRUND

Erntefeste

Ernte(dank)feste kennen alle Regionen Deutschlands. An der Mosel waren und sind Weinfeste bis heute Tradition, Sommer-Erntefeste kennt man nicht. In der Eifel hat sich das Erntedankfest im Oktober fest etabliert. Erntefeste nach dem »Heumonat« gibt es nicht, wohl aber Helfer- und Sommerfeste. Vielfach entwickelten sich auch Tanz- und Singfeste. Nach der Heuernte zog man vielerorts singend und spielend auf den Dorfplatz, um zu feiern. Sommer-Kirmessen orientieren sich dagegen mehr an den Kirchenheiligen oder Kirchweihen und haben nichts mit der Erntezeit zu tun.

Es hatt' ein Bauer ein schönes Weib, die blieb so gerne zu Haus,
Sie bat oft ihren lieben Mann, er sollte doch fahren hinaus,
er sollte doch fahren ins Heu,
er sollte doch fahren ins ha, ha, ha, ha, ha, ha, ins Heu,
juchhei, ins Heu, juchhei, er sollte doch fahren ins Heu.

Der Gang zu den Sieben Fußfällen

Von Jerusalempilgern im späten Mittelalter ins Rheinland vermittelt, stellte er einen Bittgang durch die Dorfstraßen oder die Flur dar, wobei an sieben Wegekreuzen, Kapellen oder Heiligenhäuschen, den sogenannten Fußfällen, jeweils einer Station des Leidensweges Christi in Jerusalem betend gedacht wurde. Mancherorts haben sich eigens für den Gang gestiftete Bildstöcke, Passionsszenen darstellend, erhalten.

Seinen Namen erhielt der Bittgang von der Gewohnheit, sich an den einzelnen Stationen mit beiden Knien gleichzeitig zu Boden fallen zu lassen. Die sieben Stationen wurden aber ebenso mit den sieben Hauptkirchen der Stadt Rom in Verbindung gebracht, in denen sich in der Karwoche der päpstliche Stationsgottesdienst vollzieht, woraus sich auch der mancherorts übliche Begriff »Römerfahrt« herleitet. Man kann im heute üblichen Kreuzweggebet mit seinen 14 Stationen eine Verdopplung der sieben Stationen der Fußfälle bzw. der Römerfahrt sehen.

Der zurückgelegte Weg war naturgemäß von Dorf zu Dorf verschieden. Unterwegs wurde der »Schmerzhafte Rosenkranz« und vor jeder Station ein Vaterunser gebetet, vor Kreuzen insbesondere das Fünf-Wunden-Gebet.

Vor allem als Sterbebrauch war der Gang zu den Sieben Fußfällen verbreitet: Meist beteten auf diese Weise sieben Jungfrauen aus der Nachbarschaft vor einem Begräbnis für das ewige Heil des im Sterbehaus aufgebahrten Verstorbenen. Nach dem Bittgang gab es für die Beter als verdienten Lohn Kaffee und Kuchen im Trauerhaus.

Das Fünf-Wunden-Gebet

Jesu Christe
für uns am Kreuz gestorben
durch die hei´ge Wund
deiner rechten Hand
erbarme dich unser

Jesu Christe
für uns am Kreuz gestorben
durch die hei´ge Wund
deiner linken Hand
erbarme dich unser

Jesu Christe
für uns am Kreuz gestorben
durch die hei´ge Wund
deines rechten Fuß
erbarme dich unser

Jesu Christe
für uns am Kreuz gestorben
durch die hei´ge Wund
deines linken Fuß
erbarme dich unser.

Jesu Christe
für uns am Kreuz gestorben
durch die heil´ge Wund
deiner heilg´en Seit
erbarme dich unser.

Die gesamte Wunden-Andacht

V. Lasset uns anbeten den Gekreuzigten,
A. Und schöpfen aus den Quellen seines Heils!
V. O Jesus, gekreuzigter Heiland und Erlöser, wir knien vor dir in Andacht, Demut und Zerknirschung.
A. Mit Maria Magdalena umfangen wir das Holz des Kreuzes, / das nun zum Baume des Lebens geworden ist. / Wir küssen im Geiste die heiligen Wunden, / die du für uns erduldet hast. / O Liebe ohne Maß! / Nicht allein in deine Hände und Füße, / auch in dein Herz hast du uns mit großen, blutigen Zeichen geschrieben. / Möchten deine heiligen fünf Wunden / unseren Herzen so tief eingeprägt werden, / dass wir deiner nie vergessen, / dass wir der Welt und allen Sünden absterben / und fortan nur dir leben und dich über alles lieben.

I. Zur heiligen Wunde der rechten Hand

V. Herr Jesus Christus, am heiligen Kreuze gestorben!
A. Durch die heilige Wunde deiner rechten Hand / erbarme dich unser und sei uns gnädig!
V. Er ist verwundet wegen unserer Missetaten,
A. Und ist zerschlagen um unserer Sünden willen.
V. Unserer Versöhnung wegen liegt die Züchtigung auf ihm,
A. Und durch seine Wunden werden wir geheilt.
V. O Jesus, wir grüßen die heilige Wunde deiner rechten Hand. Wir beten dich an und danken dir für die unaussprechliche Liebe und für die Schmerzen, die du an dieser Wunde gelitten hast. Lass deine Rechte uns leiten und führen, auf dass alle unsere Gedanken, Worte und Werke allezeit auf dich, unser Ziel und Ende, gerichtet seien und wir am Jüngsten Tage auch zu deiner Rechten gestellt werden und mit deinen Auserwählten das freudige Wort hören: »Kommet, ihr Gesegneten, und nehmet Besitz vom Himmelreiche!«
A. Bei dieser deiner heiligen Wunde, o Jesus, / legen wir nieder / und opfern dir auf alle guten Werke, / die wir durch deine Gnade je verrichtet haben. / Wir bitten dich demütig, / du wollest sie, / mit deinen heiligsten Werken vereinigt, / deinem himmlischen Vater darbringen / und ihre Mangelhaftigkeit durch deine unendlichen Verdienste ersetzen. / Amen.

II. Zur heiligen Wunde der linken Hand

V. Herr Jesus Christus, am heiligen Kreuze gestorben!
A. Durch die heilige Wunde deiner linken Hand / erbarme dich unser und sei uns gnädig!
V. Er ist verwundet wegen unserer Missetaten,
A. Und ist zerschlagen um unserer Sünden willen.

V. Unserer Versöhnung wegen liegt die Züchtigung auf ihm,
A. Und durch seine Wunden werden wir geheilt.
V. O Jesus, wir grüßen die heilige Wunde deiner linken Hand. Wir beten dich an und danken dir für deine unaussprechliche Liebe und deine Schmerzen, welche du an dieser Wunde gelitten hast. Mit deiner starken Hand und deinem mächtigen Arme bewahre uns vor allen vergangenen, gegenwärtigen und zukünftigen Übeln, auf dass wir, von deiner Gnade geschützt, in Heiligkeit und Gerechtigkeit dir dienen alle Tage unseres Lebens.
A. Bei dieser deiner heiligen Wunde, o Jesus, / legen wir nieder alle unsere Sünden, / die wir wissentlich oder unwissentlich begangen haben. / Wir bitten dich, / du wollest sie mit deinem kostbaren Blute abwaschen, / damit wir vor deinem Richterstuhle Barmherzigkeit finden / und vor der ewigen Verdammnis bewahrt bleiben. / Amen.

III. Zur heiligen Wunde des rechten Fußes

V. Herr Jesus Christus, am heiligen Kreuze gestorben!
A. Durch die heilige Wunde deines rechten Fußes / erbarme dich unser und sei uns gnädig!
V. Er ist verwundet wegen unserer Missetaten,
A. Und ist zerschlagen um unserer Sünden willen.
V. Unserer Versöhnung wegen liegt die Züchtigung auf ihm,
A. Und durch seine Wunden werden wir geheilt.
V. O Jesus, wir grüßen die heilige Wunde deines rechten Fußes. Wir beten dich an und danken dir für die unaussprechliche Liebe und für alle Schmerzen, welche du an dieser Wunde gelitten hast. Eile uns zu Hilfe mit deiner Gnade, so oft wir versucht werden. Lenke unsere Schritte in deinem Gesetze und in den Werken deiner Gebote, auf dass wir von Tugend zu Tugend fortschreiten. Dein Wort sei uns ein

Licht auf unseren Wegen, damit wir in Frömmigkeit leben und auch anderen ein gutes Beispiel geben, und du, o Gott, über alles und in allem verherrlicht werdest.
A. Bei dieser deiner heiligen Wunde, o Jesus, / legen wir nieder all unser Glück und Wohlergehen, / wie es die Anordnung deiner göttlichen Vorsehung uns gnädig beschieden hat. / Gib, dass wir uns deshalb nie in Übermut erheben / und niemals dich, o höchstes Gut, beleidigen. / Amen.

IV. Zur heiligen Wunde des linken Fußes

V. Herr Jesus Christus, am heiligen Kreuze gestorben!
A. Durch die heilige Wunde deines linken Fußes / erbarme dich unser und sei uns gnädig!
V. Er ist verwundet wegen unserer Missetaten,
A. Und ist zerschlagen um unserer Sünden willen.
V. Unserer Versöhnung wegen liegt die Züchtigung auf ihm,
A. Und durch seine Wunden werden wir geheilt.
V. O Jesus, wir grüßen die heilige Wunde deines linken Fußes. Wir beten dich an und danken dir für die unaussprechliche Liebe und für alle Schmerzen, welche du an dieser Wunde gelitten hast. Bewahre unsere Seele vor dem Falle und lass uns immerdar in deiner Gnade vor dir wandeln. Führe uns, o Herr, auf dem Pfade der Gerechtigkeit und lehre uns deine Wege, damit wir jederzeit wissen, was dir wohlgefällig ist, und durch die Tat alles erfüllen, was du uns geboten hast.
A. Bei dieser deiner heiligen Wunde, o Jesus, / legen wir nieder und opfern dir auf / all unser Kreuz und Leiden. / Lass es mit deinem Kreuz und Leiden verbunden sein. / Gib uns die Gnade, / alle Widerwärtigkeiten dir zuliebe geduldig zu ertragen / und allezeit deinem heiligen Willen gemäß zu leben. / Amen.

V. Zur heiligen Seitenwunde

V. Herr Jesus Christus, am heiligen Kreuze gestorben!
A. Durch die heilige Wunde deiner Seite / erbarme dich unser und sei uns gnädig!
V. Er ist verwundet wegen unserer Missetaten,
A. Und ist zerschlagen um unserer Sünden willen.
V. Unserer Versöhnung wegen liegt die Züchtigung auf ihm,
A. Und durch seine Wunden werden wir geheilt.
V. O Jesus, wir grüßen deine heilige Seitenwunde, welche in Gegenwart deiner schmerzerfüllten Mutter geöffnet wurde. Wir beten dich an und danken dir für deine unendliche Liebe. Durch das allerreinste Blut und durch das heilsame Wasser, das aus deiner Seite geflossen ist, reinige unser Herz von aller Makel der Sünde, mache uns frei von aller Eigenliebe, allem Misstrauen, von aller Unbeständigkeit und Untreue und von aller Nachlässigkeit in der Erfüllung unserer Pflichten. Verwunde mit deiner Liebe auch unsere Herzen, auf dass wir dich in allem und über alles und um deinetwillen auch den Nächsten lieben wie uns selbst.
A. Bei dieser heiligen Herzenswunde, o Jesus, / legen wir nieder alle Begierden und Wünsche unseres Herzens. / Verbinde uns alle mit deinem göttlichen Herzen, / dass wir niemals von dir getrennt werden, / sondern mit dem Apostel ausrufen können: / »Nichts vermag uns zu scheiden von der Liebe unseres Herrn. Amen.«

Vom Ölberg zur Kalvarienbergkapelle

Im oberen Stadtbereich – vor dem Schulhof der Bertrada-Grundschule – befindet sich eine kleine Skulpturenanlage, die die Prümer Bewohner »Am Ölberg« nennen.

Aus dem Jahre 1597 stammt das hier platzierte »Fußfallkreuz«, das den Heiland in größter Todesangst zeigt. Eine eindrucksvolle Darstellung, die keinen unberührt lässt. Der Bildstock aus rotem Sandstein wurde vor 25 Jahren restauriert. »Fußfallkreuz« heißt dieses Mahnmal, weil von hier sechs weitere Stationen folgten, die hinab in den Kreuzerweg führten. Diesen Weg schritten früher Mädchen und junge Frauen ab, um für die Erlösung eines schwerkranken oder sterbenden Menschen zu beten. »Die sieben Fußfälle« wurde dieser Weg genannt.

Gegenüber der Kreuzstation an der Grundschule am Ölberg kniet weiterhin eine Christusfigur im Garten, die 1870 von einem Prümer Bürger gestiftet wurde. Dieser Ort ist bis heute Ausgangsstation für den großen Kreuzweg, der früher in der gesamten Fastenzeit, heute noch am Karfreitagmorgen, betend abgeschritten wurde. Ziel war an 13 Stationen vorbei die ehemalige Kalvarienbergkapelle, die bis Mai 1949 auf der höchsten Stelle des Kalvarienberges stand und im Jahre 1696 erbaut wurde. Völlig zerstört wurde dieses kleine, aber bedeutende Prümer Wahrzeichen bei der Explosionskatastrophe im Juli 1949. Im Jahre 1984 wurde diese Kapelle in einer etwas kleineren Ausführung, jedoch in Form und Aussehen unverändert, in halber Höhe des Berges neu errichtet.

Das Ziel der heutigen Kreuzweg-Pilger ist seither das mächtige Basaltkreuz am Kraterrand des Kalvarienberges.

Die aal Hoal

Er zählt zu den ehrwürdigen Stücken altväterlichen Hausrats und war bis in die ersten Jahrzehnte des 20. Jahrhunderts das wichtigste hauswirtschaftliche Gerät: der Kesselhaken, in der Westeifel nur »Hoal« genannt.

Als Teil des Herdes mit seinem offenem, auf »Brandruten« oder »Feuerböcken« gelagerten Holzscheitfeuer hing er unter der weiten Öffnung des nach oben sich verengenden Schornsteins. Etwa seit den 20er Jahren musste die Hoal den geschlossenen gusseisernen Herden weichen und ist seither nur noch in Museen oder auf Flohmärkten zu sehen.

Der Kesselhaken glich dem breiten Blatt einer starken Säge mit einseitig nach unten gerichteten Zähnen. In diese Zähne griff ein an einer Zugstange der Gegenseite angebrachter Sperrhaken ein, mit dessen Hilfe man den unten einhängenden Kessel höher oder niedriger hängen konnte. Eine nach dem gleichen Prinzip konstruierte Vorrichtung aus Holz diente zum Aufhängen des Öllichtes an der Zimmerdecke und wurde in der Westeifel »Stubenhoal« oder »Lichthoal« genannt.

Mit Hilfe der Hoal wurde in alten Zeiten auch die Abgabe eines Hauses oder Hofes sinnbildlich beurkundet. Ein Alt-Eifeler Rätsel befragt die Kinder nach »24 Nasen, die nicht schnäuzen brauchen«. Lösung: eine Feuerhoal mit 24 Sägezähnen oder spitznasigen Zacken.

Die alte »Klöntür«

An der Stallseite des Bauernhofes gab es früher die zweigeteilte »Schladertür«, auch »Klöntür« genannt. Oberteil und »Gatter« konnten getrennt voneinander geöffnet werden. »Diese Tür galt als praktisch, sie ließ das Federvieh draußen und die Kleinkinder drinnen«, erinnert sich der 80-jährige Peter Schröder. Außerdem zogen Luft und Licht in die Räume. Diese Tür hatte im Innenbereich einen zweifachen Verschluss: Im unteren Teil war es zumeist eine feste Verriegelung, im oberen ein einfacher Haken mit Öse.

Der Begriff »Klöntür« hat freilich mit dem Reden untereinander zu tun, in der Westeifel auch »Kallen« genannt. Während der Bauer von drinnen seine Kommunikation führte, war der Besucher, zumeist der Nachbar, von außen »tätig«. Diese Schladertür hatte aber auch den Charakter einer »Sicherheitstür«: Nicht selten kamen unbekannte Gesellen des Weges daher, trugen ihr Anliegen vor oder bettelten um eine Gabe. Wandernde Handwerker wie Scherenschleifer, Kesselflicker oder Krautschaber durften die Schwelle des Stalles nie überschreiten, ohne zuvor den Hausherr konsultiert zu haben. An der Klöntür wurde entschieden, ob der Fremde ins Haus eintreten durfte oder nicht. Im Volksaberglauben besaß die Haustür Schutz- und Abwehrkraft. Seelen von unerlöst Verstorbenen, »Trouliechter« genannt, konnten nur bis zur Haustür vordringen. Dazu gehörte allerdings, dass selbst das kleinste Astknotenloch verschlossen sein musste.

Bei weiteren Bräuchen ist die Haustür Grenze und Abschluss: Der Nikolaus tritt bei seinem Besuch bis an die Schwelle und wirft seine Gaben hinein, die Klapperjungen fordern ihre Ostereier an der Tür ohne einzutreten, Heischezüge an Fastnacht oder Burgsonntag enden hier. Der Lärmumzug »Chariwari« und das »Spessen« am

Hochzeitsabend respektieren die Haustürlinie. Der Hausfrieden endete dann, wenn jemand den innerhalb des Gatters Stehenden bat, »vor« die Tür zu kommen, was meist eine Schlägerei nach sich zog oder Dorfjungen einem unwillkommen Zugezogenen die Haustür mit Brettern und Steinen zustellten. Eine Geste der Ablehnung war es auch, wenn man ihm einen alten Koffer mit Stock auf die Schwelle der Haustür legte.

Dorfleben früher und heute

Die politische Bindung Deutschlands an den Westen und die Verflechtung mit der Weltwirtschaft erleichterten der Bundesrepublik in den 50er Jahren den raschen ökonomischen Wiederaufstieg. Während die Produktions- und Exportdaten rasant stiegen, sank die Zahl der Arbeitslosen 1961 auf unter ein Prozent. Für breite Schichten der Bevölkerung verbesserten sich die Lebensverhältnisse – dank erheblicher Lohnzuwächse und einer aktiven staatlichen Sozialpolitik. Alltag und Konsumverhalten veränderten sich deutlich.

Der wachsende Wohlstand veränderte Wünsche und Lebensgewohnheiten der Konsumenten. Das Einkommen konnte nun zunehmend für früher unbezahlbare »Luxusgüter« ausgegeben werden. Elektrische Haushaltsgeräte und das eigene Auto standen an der Spitze der Wunschlisten. Eine Urlaubsreise wurde zum erschwinglichen Freizeitvergnügen, von den Anfängen des Massentourismus wurden zunächst die inländischen Ferienorte erfasst. Die zunehmende Motorisierung förderte nicht nur den Drang zu touristischen Fernzielen, sondern auch den Individualreiseverkehr. Protest gegen den »Wohlstandsmief« und den Lebensstil der Erwachsenen äußerte die Jugend. Sie suchte nach neuen Leitbildern. Coca-Cola, Jeans und Rock ‚n' Roll wurden Ausdruck ihres Lebensgefühls.

Nicht alle Bevölkerungsgruppen konnten zunächst vom Wirtschaftswunder profitieren. Dazu gehörten nicht nur soziale Randgruppen, sondern auch kinderreiche Familien und Rentner. Mit Hilfe von besonderen Gesetzen und Sozialreformen gelang ihnen der Anschluss an die allgemeine Einkommensentwicklung.

Das Wirtschaftswachstum förderte den gesellschaftlichen und wirtschaftlichen Wandel. Die Landwirtschaft verlor fast zwei Drittel ihrer Beschäftigten, konnte jedoch dank moderner Technik ihre Erträge steigern. Der Staat betrieb eine aktive Agrarpolitik, um die Einkommen der Landwirte zu sichern. Trotz aller Warnungen vor den negativen Folgen für das Familienleben stieg die Erwerbsquote verheirateter Frauen und Mütter. Häufig arbeiteten sie als Hilfsarbeiterinnen für geringen Lohn und mussten die Doppelbelastung in Familie und Beruf tragen. Die Rolle der Frau als Hausfrau und Mutter wurde weiterhin hingenommen, ihre rechtliche Benachteiligung schrittweise abgebaut.

Mit steigendem Einkommen rückte der Traum vom guten Leben für viele Bundesbürger in greifbare Nähe. Viele Güter, die früher kaum erschwinglich waren, wandeln sich zu weitverbreiteten Gebrauchsgütern. Dabei verlief die Konsumentwicklung in Wellen. Nahrungs- und Bekleidungsindustrie deckten die Grundbedürfnisse. Der Käufer wurde zum umworbenen Kunden für wertvollere und teurere Ware. Der Konsum wurde zum Motor der Volkswirtschaft. Das amerikanische Einkaufserlebnis setzte sich auch in Deutschland durch: Supermärkte und moderne Warenhäuser prägten bald das Stadtbild und verdrängten das kleine

Bedienungsgeschäft. Etwas später folgten größere Dörfer – so auch in der Eifel.

Nach den Hungerjahren füllte das beginnende Wirtschaftswunder wieder die Teller der Menschen. Mitte der 50er Jahre war auch der Grundbedarf an Kleidung gedeckt. Bedeutsam wurden nun Möbel und Haushaltsgeräte. Kühlschrank und Waschmaschine, zunächst für viele noch unerschwinglich, waren bis 1965 in den meisten Haushalten vorhanden. Der Autoboom und die Reisewelle ab den 60er Jahren markierten weitere Schritte zur Wohlstandsgesellschaft.

Die Innenstädte veränderten sich. Der »Tante-Emma-Laden« mit kleinem Angebot hatte angesichts der Massenproduktion von Konsumgütern und der veränderten Kundenwünsche kaum eine Chance. Der Verbraucher bevorzugte moderne, große Warenhäuser, die ihm ein breites Sortiment und einen schnellen Einkauf boten. Als neue Verkaufsform etablierte sich der Selbstbedienungsladen, dessen Verkaufsfläche und Warenangebot ständig erweitert werden mussten. Die sich verschärfende Konkurrenz verlangte von den Herstellern immer höhere Aufwendungen für Design, Verpackung und Werbung.

Die Kinder auf dem Land, so auch in der Eifel, wuchsen einerseits in einer Welt voller Arbeit und häuslicher Mitsorge auf, konnten andererseits aber an den neuen wirtschaftlichen Errungenschaften teilhaben. In der landwirtschaftlich geprägten Eifel war bis in die 60er Jahre Kinderarbeit an der Tagesordnung. Doch die Zufriedenheit war groß, konnte man doch ab Mitte der 60er Jahre schon »in die Röhre schauen«, einen Traktor bedienen oder Musik vom eigenen Plattenspieler hören.

Die Jugend, geprägt durch die erzwungene Selbstständigkeit in den ersten Nachkriegsjahren und die Erfahrungen mit der amerikanischen Besatzungsmacht, rebellierte gegen die scheinbar heile Welt der Wiederaufbaugesellschaft. Die USA werden für viele Jugendliche zum Vorbild für neue Ideen, Waren und Verhaltensweisen. Der Rock ,n' Roll wurde schnell Ausdruck ihres Protestes gegen Langeweile, beengte Wohnverhältnisse und öffentliche Ordnung.

Wachsender Wohlstand und abnehmende Arbeitszeit veränderten langsam das Freizeitverhalten der Menschen. Obwohl der Hang zur Häuslichkeit in den 50er Jahren noch dominierte, stieg die Nachfrage nach Ferienreisen ständig. 1960 verreiste bereits ein Drittel der westdeutschen Bevölkerung. Der Urlaub wurde zum Statussymbol. Viele Bundesbürger träumten von fernen Ländern. An der Spitze der Wunschskala steht ein Besuch der Riviera. Mitte der 50er Jahre reisten bereits 4,5 Millionen Deutsche nach Italien. Doch bis 1968 steuerte der westdeutsche Tourist vorrangig inländische Urlaubsziele an.

Die Landwirtschaft erlebte in den 50er Jahren einen tiefgreifenden Strukturwandel. Viele Arbeitskräfte wanderten in den gewerblichen Sektor ab, weil dort höhere Löhne gezahlt wurden. Die Technik hielt in großem Umfang Einzug auf dem Lande. Nur große Höfe konnten jedoch noch rentabel wirtschaften, kleine Familienbetriebe gerieten dagegen ins Abseits. Trotz staatlicher Schutzpolitik waren die bäuerlichen Einkommen bedroht. Das Landwirtschaftsgesetz von 1955 glich die Nachteile des Agrarsektors gegenüber anderen Wirtschaftsbereichen aus. Durch gezielte Verbesserungen der Leistungsfähigkeit, Subventionen, Zuschüsse und Prämien sollten rationell arbeitende Betriebe geschaffen werden, die den Landwirten ein befriedigendes Einkommen sichern konnten. Als zusätzliche soziale Maßnahme wurde 1957 die gesetzliche Altershilfe für Landwirte eingeführt.

Der Verbesserung der Agrarstruktur diente auch die Flurbereinigung, die die unwirtschaftliche Zersplitterung der Besitzflächen beseitigte und große Ackerflächen für die Arbeit mit modernen Maschinen schuf. Motorisierung und

Mechanisierung der Landwirtschaft führten bei rückläufiger Beschäftigtenzahl zu verbesserten Ernteerträgen.

Krieg und Nachkriegszeit haben Ehe und Familie verändert. Die Frauen sind durch die erlittenen Erfahrungen und ihre Leistungen beim Wiederaufbau selbstständiger geworden. Immer mehr Frauen wurden erwerbstätig, denn die Industrie warb um ihre Arbeitskraft. Trotzdem erhielten viele Frauen bei gleicher Tätigkeit deutlich geringere Löhne als ihre männlichen Kollegen. Das überkommene gesellschaftliche Idealbild der Frau als Hausfrau und Mutter blieb aber – auch in der Eifel – lebendig. »Mutterberuf ist Hauptberuf [...] und hat höheren Wert als jeder Erwerbsberuf« – so hieß es noch 1959.

Zwei Frauen von Welt

Nicht mit Reichtümern gesegnet, aber reich an ideellen Schätzen: Die Schwestern Nora und Else Pfefferkorn sind bis heute »Eifel-Berühmtheiten«. Durch ihr unterschiedliches Wirken – Nora war Fotografin, Else Weblehrerin – leben ihre Namen in der Eifel fort.

Fährt man heute durch den Nimstalflecken Nimsreuland, stößt man von Gesotz kommend auf den »Pfefferkornweg«. Dieses Wegeschild weist auf zwei bedeutende Frauengestalten der Eifel hin, die im vergangenen Jahrhundert ihre Spuren hinterließen: Nora und Else Pfefferkorn, zwei echte »Frauen von Welt«.

»Hier bewohnten die beiden Junggesellinnen ein Häuschen, zuvor wohnten sie in Heisdorf«, wusste Margarete Schal aus Nimsreuland, die einen guten Kontakt mit den

Damen pflegte. »Sie waren beide hilfsbereit, offen und sehr beliebt«, so Frau Schal.

In ihrer Autobiografie erzählt Nora Pfefferkorn, dass sie an Weihnachten 1904 einen »Platten-Photo-Apparat« und weitere Foto-Utensilien geschenkt bekam. »Meine ersten Aufnahmen machte ich von unserem Hause, von den Eltern, Geschwistern und Nachbarn. In Trier bildete sie sich fort und wurde so zu einer Meisterin ihres Fachs. Vor allem Menschenporträts und Situationen auf dem bäuerlichen Arbeitsleben machte sie zu ihrem Lieblingsthema.

Zum Fotografieren kam hinzu, dass Nora die Heimat, die Dorfbewohner, das Leben und Wirken der Menschen schätzte und liebte. »Ich fühlte mich bei ihnen wohl«, schreibt Nora Pfefferkorn, die ihrer Heimat eng verbunden blieb. Durch die weitere Verfeinerung der Technik und durch die Themenwahl schuf sie letztlich ein fotografisches Gesamtwerk, das bis heute nicht nur einzelne Motive umfasst, sondern ganze Serien: Landschafts- und Ortsporträts, dazu Bildsequenzen vom Weben und schließlich alte Möbelstücke.

Noras Neugierde und Interesse waren groß, ihr technisches Können fast perfekt. Sie wollte nahe an die Menschen heran: »Ich habe bei meinen Arbeiten immer großen Wert darauf gelegt, das Abgebildete so natürlich wie möglich zu halten.«

Ihre Schwester Else würdigt die bekannte Eifel-Schriftstellerin Sophie Lange in ihrem Buch ›Als feines Fräulein hinterm Pflug‹ wie folgt: »Else Pfefferkorn (1894–1979) war eine bemerkenswerte Frau: künstlerisch und schriftstellerisch begabt, äußerst natur- und tierliebend, gebildet und vielseitig interessiert, dabei einfach und anspruchslos. Als Tochter aus gutem Hause wuchs sie in Trier auf. Während des Ersten Weltkrieges übernahm sie freiwilligen Arbeitsdienst in der Landwirtschaft in einem kleinen Betrieb in Euren bei Trier, später auf einem größeren Gut in der nördlichen Voreifel. Ihre Erlebnisse, Empfindungen und

Erfahrungen hat sie 1916 und 1917 in zwei autobiographischen Erzählungen niedergeschrieben, die einerseits landwirtschaftliche Arbeiten von einst dokumentieren, andererseits durch frische und humorvolle Schilderungen eine unterhaltsame Lektüre bieten.«

Die Biographie von Sophie Lange zeigt, wie Else Pfefferkorn nach dem Zweiten Weltkrieg als alleinstehendes »Fräulein« ihr Leben meisterte. Als Wanderlehrerin und Webmeisterin verdiente sie den Lebensunterhalt für sich und ihre Schwester Nora. Else hielt in der ganzen Eifel Haushalts- und Webkurse, wobei sie ihr Selbstbewusstsein und ihre Lebensfreude auf die Frauen und Mädchen übertrug.

Bedingt durch die Wirren der Zeit war Else nicht mit Reichtümern gesegnet, aber durch ihre Liebe zur Natur, zu Mensch und Tier führte sie ein erfülltes Leben. In Nimsreuland engagierte sie sich für die alte Eifeler Webkunst, für Natur, Umwelt, Völkerversöhnung und die Weltsprache Esperanto.

Dr. Kyll – ein Eifeler Pastor

Dr. Nikolaus Kyll gilt als einer der namhaftesten Volkskundler im gesamten Rheinland. Doch er blieb stets seinem geliebten Beruf treu: Priester. Selbst einen Ruf als Professor für Kirchengeschichte nach Trier schlug er aus.

Bodenständigkeit, Heimatliebe und wahre Seelsorge – das waren die Merkmale des Eifelpriesters, der 1904 in Algringen/Lothringen als Sohn eines Arbeiters zur Welt kam. Nach seinem Abitur trat der junge Nikolaus in das Priesterseminar Trier ein. Doch der Krieg verhinderte ein kontinuierliches Arbeiten in der Seelsorge. Kyll wurde als Sanitäter eingezogen und kehrte erst 1948 aus russischer Gefangenschaft nach Hause zurück.

Kriegsjahre und Gefangenschaft prägten den jungen Priester, ihn zog es als Eifelpfarrer zu den Menschen. 1949 trat er seine Pfarrstelle in Pronsfeld an, wo er bis 1957 wirkte.

Ein Büro wie eine Uni-Bibliothek

Zusammen mit dem Ärzte-Ehepaar Elisabeth und Hans Müller tat Kyll viel Gutes für die Menschen. Reparaturen an den beiden Gotteshäusern und die Neuanlage des Friedhofes lagen ihm am Herzen. Daneben setzte er immer wieder seine Forschungsarbeiten fort, studierte wissenschaftliche Schriften und verfasste Aufsätze in Zeitschriften und Zeitungen.

In seinem Büro sah es aus wie in einer Uni-Bibliothek. Bücher, Bücher, Bücher ... »Hier geht es zu wie bei Dichters«, pflegte er zu sagen. Forschungsgegenstände waren Regino von Prüm, Hexenprozesse im Prümer Land, Bauernleben, Besiedlung der Westeifel, die Glocken im Wetterglauben und vieles mehr.

Kylls Veröffentlichungen reichen von der Archäologie und Siedlungsgeschichte über kirchenhistorische Arbeiten bis zur Volkskunde. Ein Schwerpunkt war das bäuerliche und kirchliche Eifelbrauchtum. Als Sohn der Eifel war ihm das nicht fremd – im Gegenteil. Der kleine Nikolaus sah aufmerksam zu, wenn es in seinem Heimatdorf Wiersdorf etwas zu feiern gab oder Brauchtum sein Herz höher schlagen ließ. Kyll war ein interessanter und interessierter Mann. Für alle war er ein Ansprechpartner in seelsorglicher Hinsicht. Er wusste zu trösten: »Kommt, Jungs, wir haben einen schweren Gang, aber wir packen's«, äußerte er zu den Messdienern vor einer Beerdigung. Für die Schulkinder war er in den 50er Jahren eine Art Vaterfigur. Man schätzte sein Wissen, hatte Respekt, aber nie Angst.

Kyll war ein Herzensmensch. Oft ging es hinaus in den Distrikt »Auf Kuhborn«, wo man mit »Schepp un Hack« archäologische Spuren suchte. Er wusste: Hier gab es einst eine römische Saalhausvilla. Was hätte uns Jungs damals mehr anspornen können?

Für jeden hatte Kyll ein offenes Ohr, gab Ratschläge und freute sich an Feiern, Festen und dem gelebten Brauchtum. Seine Nähe zu den Menschen – nie kehrte er die Amtsperson hervor – gab ihm und den Leuten »eine intime religiöse Sicherheit« (Zitat Matthias Zender). Weite Reisen mochte er ebenso wenig wie Ehrungen. Dennoch erhielt er 1967 – Kyll war jetzt Pastor in Butzweiler – eine bedeutende Auszeichnung: das vom Landschaftsverband Rheinland verliehene Albert-Steeger-Stipendium. Kyll liebte seine Eifel, die Kultur und Sprache. Ihm ist es zu verdanken, dass neben den wissenschaftlichen Abhandlungen auch das kleine, dörfliche Leben sein Eigenrecht besaß.

Er kannte Lieder, Redensarten, Sprüche, Flüche, Verse, Gedichte, Schüttelreime auswendig und erzählte sie zu entsprechenden Anlässen. Ein Glück nur, dass er nicht vergaß, sie auch aufzuschreiben. Eine Fundgrube sind auch die vielen unveröffentlichten Aufsätze, Aufzeichnungen und Chroniken.

Am 23. Mai 1973 starb der Eifelfreund Kyll. Seine Beerdigung im Geburtsort Wiersdorf führte Menschen aus der gesamten Eifel zusammen. Kyll ist in Pronsfeld, Wiersdorf und Butzweiler unvergessen.

Wollweber und Schneider

Das Tuchgewerbe hat in der Nordeifel eine lange Geschichte. Beispielhaft hierfür mögen die Städte Monschau, Düren, Euskirchen, Aachen, Münstereifel und Blankenheim stehen. Wenn man bedenkt, dass für dieses Wolltuchgewerbe zwei Grundstoffe den Ausschlag gaben, Schafwolle und Wasser, liegt es nahe, diese Region als Schwerpunkt zu verstehen. Die vielen Quell- und Flussgewässer schufen ideale Voraussetzungen für das Betreiben von Mühlen, ebenso die im Mittelalter stark ausgeprägte Schafzucht.

So ist überliefert, dass es beispielsweise in Euskirchen im Jahre 1677 rund 800 Schafe, in Münstereifel 1.000 Schafe und in dem kleinen »Tal Blankenheim« 172 Stück Schafe gab. Im gesamten Kreis Schleiden zählte man 1828 37.000, im Kreis Düren 19.000, im Kreis Euskirchen 22.000 und im Kreis Rheinbach 14.500 Schafe. Bereits im Jahre 1910 war die Zahl der Tiere auf ein Zehntel geschrumpft. Die Begründung liegt auf der Hand: die Baumwolle hatte ihren Siegeszug eingetreten.

Eine Zunftordnung aus Blankenheim von 1657 gibt uns tiefere Einsicht in das Gewerbe der »Wullenweber«. Dieses Dokument gewährt uns zugleich einen interessanten Einblick in die Wirtschafts- und Kulturgeschichte des Mittelalters in der Eifel.

Hier heißt es, dass drei von der Weberbruderschaft gewählte »Meister« einen besonderen Eid zu schwören hätten, damit sie auf die Herstellung der Tücher und deren Qualität achteten. Die »Zutaten« für die »gemeinen Tücher«, für die »Kerntücher« und für die »Fudertücher« sind in der Zunftordnung vorgeschrieben. Ebenso gibt es hier die klare Direktive, dass kein Zunftangehöriger ein Stück Tuch verkaufen dürfe ohne Besiegelung durch den Meister. Diese »Siegeler« kennzeichneten das Tuch mit ein, zwei oder drei »bley«.

Auch der »Wagmeister« hatte seine Aufgabe gewissenhaft zu erfüllen. Er musste die Schafwolle richtig wiegen und streng darauf achten, dass keine minderwertige Wolle beigemischt wurde. Händlern, die keine einheimischen Tücher verkauften und damit das eigene Tuchgewerbe schwächten, wurde Strafe »bey 10 Goldgulden« angedroht.

Auch die Färber mussten ihre Farbe begutachten lassen. Pflanzliche Farben wurden sehr streng bewertet nach ihrer Haltbarkeit und Intensität. Wenn durch den Scherer, Foller oder Färber Schaden angerichtet wurde, so musste dieser dem Meister oder Zunftbruder eine Geldstrafe zahlen.

Die Grundfarbe der Eifeler Wollfärber war das Blau. Man gewann sie aus dem Waid, einer Färberpflanze, die noch 1671 ein wichtiger Ausfuhrartikel in die Niederlande war. Im 18. Jahrhundert verdrängte der Indigo diese alte Kulturpflanze. Färbereien lagen stets an Bächen, um so das Wasser für das Anrühren der Farbe und das spätere Spülen der Geräte nutzen zu können. Als Technik stand der Druck im Vordergrund, aber auch Malen war üblich, besonders bei gräflichen und herrschaftlichen Gewändern.

Die Blaufärberei und -druckerei war in der Eifel allgemein bekannt. Pulver oder Pflanzen wurden zunächst gemahlen. Auf einem speziellen Tisch wurden die Tücher gespannt. Mit Hilfe von Modeln stempelte man beliebige Motive auf das Tuch. Aus Monreal ist ein Stoffmusterbuch erhalten, das Tuchkaufleute mit auf ihre Reisen nahmen, um den Kunden Warenproben zeigen zu können.

Der Zunftzwang war bei den Wollwebern nicht so streng, wie bei anderen »Berufen«, etwa bei den Schneidern. So vergönnte man auch den Nichtzünftigen jährlich für den Eigenbedarf mehrere Tücher mit Erlaubnis des Meisters selbst herstellen zu dürfen. Missbrauch allerdings sollte mit »8 Goldgulden« zu bestrafen sein.

Löhne wurden an die Zunftmitglieder unter Berücksichtigung der bäuerlichen Jahresernte gezahlt. Immerhin zeigt dieser Punkt der Zunftordnung, dass es bereits im 17. Jahrhundert – zumindest in der nördlichen Eifelregion – eine Andeutung von sozialer Gerechtigkeit gab.

Auch über die Art der Ausbildung erhalten wir in diesem Zunftbrief interessante Informationen. So durfte kein Zunftbruder zwei Lehrjungen anstellen. Die Ausbildungszeit betrug drei Jahre, erst im dritten Jahr erhielt der »Azubi« einen geringen Lohn in Form von Textilien und Schuhen. An Lehrgeld musste er seinerseits Wachs und/oder Wein an den Landesherrn und die Zunftleitung abgeben. Nach Beendigung der Lehrzeit musste der Geselle mindestens zwei Jahre »dem handwerck nachziehen«, also verschiedene Mühlen, Schafzüchter und Färber aufsuchen, um sein Wissen zu erweitern. Dann wurde er »zum Meister gemacht« und in die Zunft aufgenommen. Wollte er sich z.B. in Blankenheim niederlassen, hatte er wieder Abgaben in Form von Wachs, Wein, Wolle und Gulden zu entrichten. Fremde, die den Wollwebern zunftgemäß zugehören wollten, mussten 30 Goldgulden als Aufnahmegebühr abgeben.

Neben diesen ökonomischen Regelungen enthält die Zunftordnung, die mit der Bruderschaftssatzung eng verknüpft war, klare Anweisungen für das kirchlich-religiöse Leben.

******

»Viel König, Fürsten und Herren
greifen wir Schneider an;
die leidens von uns gern,
wir sind am nächsten dran!«

******

»Das kleinste Ding ist auch zu ehren:
eine Nadel kann einen Schneider ernähren.«

******

Die ersten Bezeichnungen für den Beruf des Schneiders waren »Nähter« und »Säumer«, »Scherer«, »Leinhösler«, »Mäntler«, dann folgen die Namen »Schröder«, »Schrader« und endlich »Schneider«. In Köln gab es 1318 eine Bruderschaft der »Schröder«, die dann 1397 selbständig wurde und schließlich im Jahre 1552 eine ausführliche und strenge Zunftordnung erhielt.

Regional unterschiedlich herrschte bei den Schneidern ein Zunftzwang. Mancherorts war es streng untersagt, Kleider selbst anzufertigen. Ausnahme: man gehörte der Schneiderzunft selbst an. Großzügig zeigte man sich, was die Mitarbeit der Frauen betraf: während bei allen übrigen Zünften die Frauenarbeit stark eingeschränkt oder gar verboten war, finden wir bis zum 15. Jahrhundert in allen Teilen des Landes Frauen, die das Schneidergewerbe selbständig betrieben. Sie beschäftigten sogar Näherinnen und Lehrmädchen.

Jahresberichte in den Zunftbüchern der Schneider enthalten – wie bei den Wollwebern – immer wiederkehrend Rechnungen, Meister- und Lehrjungennamen und Strafen.

Strafen waren vor allem für den Fall angezeigt, wenn die Qualität nicht stimmte, mit fremder Wolle hantiert wurde oder beliebige Preise angesetzt wurden. Preise mussten sich immer »nach dem herkömmlichen Brauche« orientieren.

Wie alle anderen Zünfte verschwanden mit dem Eindringen der französischen Herrschaft die Schneiderzünfte. Auch die Bruderschaften erlitten einen kräftigen Rückschlag.

Eifelkleidung vor 100 Jahren

Ob es in der Westeifel jemals wie in anderen deutschen Landstrichen eine geschlossene Tracht gegeben hat, lässt sich mit letzter Sicherheit heute nicht sagen. Teile einer Tracht lassen sich allerdings schon früh ausmachen, einzelne Stücke blieben bis zu Beginn dieses Jahrhunderts allgemein im Gebrauch.

Die früher übliche Kniehose der Männer wurde in der Zeit der Französischen Revolution, wie anderes Kulturgut, durch die lange Hose ersetzt. Der Kittel überdauerte diese Zeit. Man trug ihn bei der Arbeit, da er bequem, luftig und je nach Wetterlage leicht zu ergänzen war durch andere Kleidungsstücke. Er bestand aus grobem, naturfarbenem Leinen. Der Kittel reichte häufig bis zu den Knöcheln, im Gegensatz zum blauen Sonntagsumhang, der wesentlich kürzer war. Je nach dem Wohlstand des Besitzers war er mehr oder weniger reich mit Kettenstichmustern besetzt bzw. bestickt. Bei der Arbeit setzte der Eifeler Mann zumeist eine Zipfelmütze auf, ansonsten eine Tuchkappe. Zum Sonntagsstaat besonders begüterter Bürger gehörten ferner reich bestickte Westen aus Samt oder Seide und sogenannte Männerhauskappen aus dem gleichen Material.

Von der Frauentracht haben sich bis zuletzt nur noch die Hauben und Schultertücher erhalten. Die Hauben bestanden aus weißem Leinenstoff und wurden unter dem Kinn von zwei Bändern gehalten. Selten waren sie mit Gold- und Silberfäden durchzogen, noch seltener mit Glasperlen besetzt. Der Schmuck der Frau bestand aus einer kunstvoll aufgesteckten Schleife, »Schloop« genannt, die aus farbigem Seidenband gefertigt war. Während der Trauerzeit war dieses Band schwarz. Mädchen trugen ein halbrundes Käppchen aus Battist auf dem Hinterkopf, das von einem schmalen Bügel, dem sogenannten »Ohreisen«, gehalten wurde. Nur jungfräuliche Mädchen durften durch den

Haarknoten einen aus Messing oder Silber bestehenden Pfeil, den »Unschuldspfeil«, tragen. Das Schultertuch war zumeist bunt bestickt oder bedruckt, die Braut trug es in weißer, ältere Frauen in schwarzer Farbe mit buntem Rand.

Die Braut trug vielfach eine Brautkrone auf dem Kopf, die oft das ganze Jahr über eine Heiligenfigur in der Kirche zierte und am Hochzeitstag aufgesetzt wurde. Ein besonders schönes Exponat besitzt das Eifeler Landschaftsmuseum in Mayen, das aus der Gerolsteiner Gegend stammt. Zu den Hochzeitsutensilien der Braut gehörten ferner sogenannte »Brautkännchen« aus Glas, die mit Symbolen der Liebe (Taube, Herz) bemalt waren. Mit diesen Kännchen besuchten die Brautleute die nicht zur Hochzeit Geladenen oder Verhinderte und bewirteten sie mit Hochzeitswein.

Täuflinge trugen zur Tauffeier Mützchen aus Brokat, die mit einer Silber- oder Goldborte bestickt waren, sowie ein kunstvoll gearbeitetes Wickelband.

Trachtenbilder des Obermendiger Malers Drewes gewähren weitere Einblicke in die Eifeler Trachtenmode, besonders in Details wie Ohreisen, Pfeil oder Schirmmütze des Bauern. Die meisten Stücke waren aus Stoffen hergestellt, die am eigenen Webstuhl, der in fast jedem Bauernhaus stand, angefertigt waren. Vor allem wurde Leinen, aber auch ein Stoff aus Wolle und Leinen (Tirtei) und ein Gewebe aus Zwirn oder Wollfäden hergestellt. In der Westeifel wurden diese Stoffe mit verschiedenen Mustern blau bedruckt, was in Blaudruckereien geschah. Einen gut erhaltenen Hinweis auf die Eifeler Trachtenkunde bietet uns ein Tafelgemälde aus der Orlenbacher Filialkapelle. Es zeigt betende Personen vor der heiligen Walburga, der Orlenbacher Kirchenpatronin. Das Votivbild, das man als Gelöbnis an diesem Wallfahrtsort anbrachte, zeigt die ganze Schönheit der damaligen Bekleidung (um 1750).

Eifel – Lied

(Zeit und Verfasser unbekannt)

1. Stimmt an, stimmt an der Heimat zu Ehren den festlichen Hochgesang;
Es wird euch niemand verwehren den brausenden Jubelklang.
O Eiflia, – herrlich zu schauen im prächtigen Frühlingsglanz;
von allen germanischen Gauen gebührt dir der Ehrenkranz!

2. Geheimnisvoll erwuchsen die Wipfel in lauschiger Waldesnacht;
stolz tragen auf ihrem Gipfel sie Ahrberg und hohe Acht.
Zum Himmel die Türme ragen von Nürburg und Manderscheid;
mit ihnen singen und sagen viel Schwestern von herrlicher Zeit.

3. Fromm ringet der Bergmann die Hände mit Lust in Stollen und Schacht.
Der Äcker und Wiesen Spende nimmt sorgsam der Landmann in acht.
Es sammelt die Reiser und Beeren im Walde der Arme und Fleiß,
der Not des Lebens zu wehren in Mühe und saurem Schweiß.

4. Dir aber im Städtchen winken die Weine von Mosel und Ahr;
ohn´ Sorgen kannst du sie trinken, die Eifel beut rein sie dir dar.
Ihr Gaben in Küche und Keller sind allesamt sauber und echt,
sie schenkt dir auf schimmerndem Teller Forellen und Äsche und Hecht.

5. Vom Münster am Fuße der Eifel bis aufwärts nach Bitburg und Daun,
wirst allerwärts sonder Zweifel vom Schönen das Schönste schau'n.
Die Mädchen im Lande gleichen den Blumen im reinen Kleid;
Es müssen die Besten dir weichen, du rosige Eifler Maid.

6. Hier jagten die Merowinger den Eber im finsteren Tann,
und Karl, der Völkerbezwinger manch edles Wild hier gewann.
Hier bot nach dem Kampfe den Frieden St. Benedikt liebevoll dar,
selbst Königen war er beschieden an Stablo's und Prüm's Altar.

7. Stimmt an denn, der Heimat zu Ehren den festlichen Hochgesang;
es wird euch niemand verwehren den brausenden Jubelklang.
Wer jemals die Eifel gesehen, der ist auf immer ihr hold,
und höher wird sie ihm stehen als Edelgestein und Gold.

Eifellob

Was soll ich in der Fremde tun?
Hier ist es ja so schön.
Der Winter stürmt und brauset nun
Verschneit sind Tal und Höhn
Und hier ist es so schön, so schön.

Was soll ich in der Fremde tun?
Hier ist es ja so schön
Sie reichte mir die weiße Hand
Und sprach: Du magst nur gehen
Und hier ist es so schön, so schön.

Und mit dem Wandern ist´s nun aus
Hier ist es ja so schön.
Kein holdes Liebchen find ich drauß´
Warum denn weiter gehn?
Hier ist es ja so schön, so schön.

Erfrischende Eifel

Vorgezogene »Hundstage« – auch in der Eifel: Namengebend für das Wetterphänomen ist das Sternbild Großer Hund. Wahrlich sind es heiße Zeiten in diesem Juli, der selbst in der Eifel schon an der 40-Grad-Marke kratzte. Doch dagegen hat das herrliche Naturzonen zu bieten, die für Erfrischung sorgen.

Die Tränenley bei Wallendorf. Sie liegt nur wenige Meter von der Sauer entfernt, ist ein seltsamer Kalkfelsen mit einer kleinen Höhle, in der Wasser aus dem Gestein sickert. Dieses verliert einen Teil seiner Kalkfracht und rieselt dann in Tausenden von Tröpfchen herab – gerade so, als weine der Fels.

Der Wasserfall Dreimühlen bei Nohn. Wegen seiner Einmaligkeit wurde der Wasserfall – er ist das nördlichste

Kalksintervorkommen in Europa – zum Naturdenkmal erklärt. Seit der letzten Eiszeit vor ca. 10.000 Jahren pendelten drei aus Karsthöhlen austretende Quellgewässer hin und her und haben seitdem eine 300 m lange und 100 m breite Sinterbank entstehen lassen. Beim Bau der Bahnstrecke nach Jünkerath, die im Jahr 1912 eröffnet wurde, wurden die Quellbäche zusammengeführt, wodurch der »wachsende« Wasserfall Dreimühlen entstand. In Moospolstern bildet sich durch Ablagerung Kalksinter. Durch diesen ständigen Vorgang wächst der Wasserfall jährlich 8–10 cm in das Tal hinein.

Flurnamen in Pronsfeld

Neben Urkunden, mündlichen und schriftlichen Erzähltraditionen und Funden sind Flurnamen vielfach bedeutende Hinweise und interessante Quellen für die Lokalgeschichte, die Mundartforschung oder die Sprachgeschichte eines Ortes. Das gilt ebenfalls für den Ortsnamen selbst, für Ortsteil- oder Straßenbezeichnungen.

Viele Flurnamen gehen zurück in die Jahre der ersten Besiedlung, also in die Germanen- und Römerzeit. Andere sind jüngeren Datums oder wurden erst in den letzten Jahren neu gefunden; dies gilt insbesondere für Straßennamen in neu entstandenen Siedlungsgebieten. Durch Gebietsveränderungen und Eingriffe in das Landschaftsbild sind dagegen einige Flurnamen aus dem Sprachgebrauch verdrängt worden. Vielerorts haben sich diese Benennungen dennoch im Volksmund erhalten. Andere Namen unterlagen sprachlichen Veränderungen, wie dies auch in anderen Bereichen des Kultur- und Sprachgutes zu verzeichnen ist. Bei der Übertragung mündlich überlieferter Namen ins Mittelhochdeutsche oder Hochdeutsch ging nicht selten der Ursprungssinn verloren oder er wurde verfälscht. Andererseits hat diese Übertragung auch viele Flur- und Ortsnamen »gerettet«. Somit dienten die amtlichen Flurkarten und Register oftmals als Karteien mit endgültigem Charakter. Bei dem Versuch, die örtlichen Flurbezeichnungen meiner Heimatgemeinde Pronsfeld zu untersuchen, stieß ich nicht selten auf Sprach- und Verständnisgrenzen. In einigen Fällen lässt sich eine Deutung nicht herbeiführen, in anderen nur vermuten. In der folgenden Arbeit möchte ich mich auf diejenigen Flurnamen beschränken, die zweifelsfrei eine Deutung zulassen oder mit ziemlicher Sicherheit auf eine Sinndeutung schließen lassen. Verschiedentlich treffen wir solche Bezeichnungen auch in anderen Dörfern der Westeifel oder in Ostbelgien an, so dass sie nicht unbedingt ortstypisch sein müssen.

Der Ortsname

Pronsfeld – dieser Ortsname erklärt sich aus »Prumizfeld« und bedeutet »Feld an der Prüm«. Er ist als römischkeltischer Begriff entstanden. Im Laufe der Zeit hat sich der Ortsname mehrfach verändert, was mit den oft wechselnden Herrschaften zu tun hat: 1045 Prumizuelt, 1103 Prumizfeld und Prunzfeld, 1270 Proincefeld, 1400 Prunsfeld. In einer Statistik aus dem Jahre 1793 erscheint erstmals der Name »Pronsfeld«, wie er bis heute Bestand hat.[2]

2 s. Oster, Geschichte der Pfarreien, Bd. 3,5. 28/29.

Die Ortsteile

Pronsfeld hat seit der Gebietsreform vier (inoffizielle) Ortsteilbezeichnungen: Unterdorf, Mitteldorf, Oberdorf und Schlossheck. Alle Namen, auf den Kernort bezogen, haben lediglich Gliederungscharakter. »Grenzpobleme« gibt es keine. Allerdings: klarer wird da bei der Brauchtumspflege vorgegangen: beim Klappern oder Burgbrennen gehen alle Ortsteile eigene Wege, übernehmen getrennte Heischegänge oder etwas differenziertere Praktiken.

Bemerkenswert bei diesen Ortsteilbezeichnungen ist der Name »Holland«, der lokalidentisch mit »Unterdorf« ist. Hier ist die Namensherkunft einwandfrei klar: Das Gebiet jenseits der Prüm war in der Zeit des Kondominiums Pronsfeld im Besitz der Oranier. Insgesamt waren es 28 Häuser; die hier Lebenden unterstanden der Gerichtsherrschaft des Prinzen von Oranien. (Anm.: Neben den »Holländern« hatten Trier, Hartelstein und Neuerburg Hofanteile an Pronsfeld.) So hat sich im Volksmund der Name »Holland« erhalten, und die Bewohner nennen ihn mit einem gewissen Stolz. Ein neuzeitlicher Brauch hat sich bei den jüngeren Leuten herausgebildet: Die letzten nächtlichen Heimkehrer bedienen beim Passieren des ehemaligen Bahnübergangs eine eigens installierte Glocke, um anzuzeigen, dass alle »Holländer« unter sich sind. Wie gesagt, kein gewachsener Brauch, erst recht kein geschriebenes Gesetz, aber ein Beispiel für richtig verstandene Brauchtumsschaffung und -pflege.

Flurnamen

Bei der Durchsicht des Registers von 1882 stieß ich auf 188 Flurnamen in den Fluren der Gemeinde Pronsfeld. Etwa 100 Bezeichnungen finden sich im Folgenden wieder. Folgende Gruppierung nahm ich vor:

Flurnamen auf »-höhe, -berg, -knopf«, Flurnamen rund um die Mühle,
Flurnamen auf »-seifen, -bach, -born«,
Flurnamen auf »-paisch, -wiese, -garten«,
Flurnamen auf »-dell, -dellt«
Flurnamen auf »-feld, -heck, -büsch«,
sonstige Flurnamen.

Flurnamen auf »-höhe, -berg, -knopf«

Geschichtlich eindeutig nachweisbar ist der Flurname »Auf dem Galgenknopp« (auch Galgenhöhe, Galgenberg) und »In der Galgendell«. Diese Anhöhe östlich von Pronsfeld (Höhe 466 Meter) weist auf das Gerichtswesen im Mittelalter hin. Hier lag die Ausübung der Gerichtsbarkeit in den Händen der Grundherren von Kurtrier. Wahrscheinlich hat das Pronsfelder Gericht seinen Ursprung nach dem Untergang der Fränkischen Gaugerichte. Die Gerichtsherren setzten sich zusammen aus drei Vögten und einem geschworenen Boten. Darüber hinaus stellte jede Ortschaft des Kondominiums – insgesamt 22 Dörfer – einen Schöffen. Schwere Straftaten, etwa bei Mord, wurden hier auf dem »Knopp« sofort mit dem Tode bestraft. »Tod am Galgen« bedeutete für die in Pronsfeld Verurteilten den Gang zur Anhöhe hinauf, wo die Richtstätte war und wo der Henker – oft vor Publikum – die Erhängung vollzog.

Weitere Erhebungen rund um Pronsfeld sind der »Heiderbüschknopf«, »Am Butterknopf«, »Auf Dienstknopf«, »Auf dem Kopf«, »Vor dem Hochberg« und »Auf dem Hochberg«. Ferner gibt es »Auf dem Kirschberg«, »Vorm Kirschberg«, »Im Schleiferberg« (Herkunft unbekannt) und »Unter der Höhe«. Letztgenannte Flur befindet sich in Ortsnähe am Fuße des Hochberges, der markanten Erhebung am westlichen Dorfrand.

Flurnamen rund um die Mühle

Ein wirtschaftlicher Mittelpunkt und ein Ort der Kommunikation war in früheren Zeiten die Mühle. Entsprechend haben sich Flur- und Wegnamen bis heute ohne jeden Bedeutungswandel erhalten: »Hinter der Mühle«, »Bei der Mühle« oder »Auf der Mühlengasse« bezeugen eine feine Differenzierung der einzelnen Flächen rund um die Mühle, wie es aus dem »Verzeichnis der einzelnen Distrikts- und Gewannen – Namen« von 1882 zu entnehmen ist. Hingegen ist die Bezeichnung »Im Mühlenfeld«, einer Lage fernab der ehemaligen Mühle, unklar. Oder ob es hier eine zweite Mühle gab? Nichts deutet jedoch darauf hin. Die neue Klassifizierung in »Müllergasse« ist eher atypisch und auch ortsfremd.

Flurnamen auf »seifen, -bach, -born«

Sehr zahlreich sind im Prümtal und den angrenzenden Berghängen die Bezeichnungen mit den Grundwörtern »Seifen«, »Born« und »Back«. »Seifen« bezeichnet ein schmales Quellbächlein, im weiteren Sinne auch das gesamte Tälchen mit dem Bachlauf. Somit sind Benennungen wie »Im Lauterseifen« oder »Auf Lodenseifen« Hinweise auf Tallagen am Bergeshang. Gleiches gilt für die Silbe »bur« = Bauer (siehe Jahrbuch des Kreises Prüm 1963, S. 102). Ortsnamen wie Kalenborn, Hasborn u. a. haben hier ihren Ursprung. Dies würde dann auf Hütte und Haus hindeuten, vielleicht auf eine landwirtschaftlich bebaute Fläche. Im Falle des Pronsfelder Flurnamens »Vor Kuhborn«, »Unter Kuhborn« und »Im Kuhborn« dürfen jedoch das Quellgebiet namensprägend gewesen sein, obwohl gerade hier römerzeitlich eine Besiedlung und eine Saalhausvilla nachgewiesen werden kann. Einige Bächlein haben hier ihren Ursprung, im besonderen die »Wetes«, die allesamt dem Vieh als Wasserspender dienten. Weitere »Born-Bezeichnungen« sind: »Im Lehenborn«, »Auf dem Schanzenborn«, »Auf Sponsborn«, »Auf dem Eisborn«, »Ober Eißelborn«, »Auf Loorbom«, »Auf Langenborn«, »Hinter Mäckenborn«. Bachläufe der Prüm, Alf, Bier und kleinere Nebenbäche, gaben Flurnamen wie »Im der Kärkenbach«, »Ober in der Rothenbach«, »In der Lünebach«, »Ober der Schwarzbach«, »in der Nußbach« ihre Bezeichnung. Hier ist der Boden entsprechend gut durchwässert und oftmals unbegehbar (Alfbachtal).

Woher kommt der Name »Bierbach«? Mit dem Gerstensaft hat er gewiss nichts zu tun. Möglich ist folgende Version: Es handelt sich um eine Flur, die meist dem Zuchteberhalter als Lohn für die Gestellung des »Biers« (Eber) zur Nutzung überlassen wurde. »Alf« und »Prüm« konnten sich schon zur Römerzeit fast unverändert so nennen: »Prumia« und »Alve«. »Prumia« gab zwei Orten gar den Namen (Prüm und Pronsfeld), »Alve« dem Weiler »Bleialf«. Eine Besonderheit stellte die Bezeichnung »Laag« (Laach) dar. »In der Laag«, »Ober in der Laag« und »Unter Laager Garten« sind Fluren im Prümtal, die im Talgrund, umgeben von seitlichen Hängen, gelegen sind.

Die seitlichen Hänge nennt der Volksmund »Rech«, eine Böschung also, zu deren Füßen Schlehen und Weißdorn wuchsen.

Flurnamen auf »dell«, »dellt«

Kommt der Name »Dell« von »Delle«? Es ist anzunehmen, da die Landschaftsform dies zu bejahen gestattet. Eine »Dell« ist eine Senke oder Vertiefung. In Pronsfeld trifft diese Vertiefung zumeist für Höhenlagen im Osten des Dorfes zu. Beispiele hierfür sind »In der Finkendell«, »In Thommesdell«, »In der Kirchdell«, »In der Galgendellt«,

»Auf Wöltgesdellt«. Westlich im Alfbachtal finden wir dann noch eine Bezeichnung: »In Heiderbüschdellt«. Für alle Lagen gilt: Sie sind wasserreich und fruchtbar – und das in Bergeshöhe. Im letzten Fall bezeichnet eine bewaldete Stelle die Dell, ansonsten sind es Familiennamen, die die Parzelle konkretisieren.

Flurnamen auf »feld, -heck, -büsch«

Die Landschaft und ihr Bewuchs sind namensgebend und -prägend für die folgende Gruppe von Flurnamen. Durch den Waldreichtum sind diese Flurnamen, die auf »büsch« und – später nach der Rodungsperiode – auf »feld« und »heck« hinweisen, bestimmt. Die »-büsch«-Gruppe bezeichnet des Weiteren hier auftretende Tiere oder Baumarten: »Auf Hasenbüsch«, »Im Hunertbüsch« oder »Im Haselbüsch«, »Hinter Kutschbüsch«, »Im obersten Heiderbüsch«, »Bei dem Tauschbüsch«. Landschaftsbestimmend war auch die Hecke, die oftmals auch eine Grenze markierte: »Auf der Honigshecke«, »Bei der Honigshecke«, »Auf der Schloßheck«, »Bei Klemesheck«, »In der Geißheck«, »In der Rothheck«, um nur einige Beispiele zu nennen. Die Benennungen »Im Mühlenfeld« und »Im Kobenfeld« lassen keine genauen Deutungen zu.

Sonstige Flurnamen

»Im Scheid« – ein Flurname, der sich aus dem Althochdeutschen »Sceida« erklären lässt. Demnach markiert »Scheid« eine Trennung, eine Grenze, ein abgetrenntes Flächenstück. »Eicherich«, »Unter den Eichen«, »Auf den Eichen«: Hier wird auf Baumbewuchs hingewiesen. Aber sind es Eichen oder Eschen? Esche heißt hier »Eiche« und Eiche »Eech«. Hinweise auf örtliche Begebenheiten liefern Flurbenennungen wie »Auf dem roten Acker«, »In der Steinrausch«, »Auf dem krummen Morgen«, »In der Kaul«, »Im hohlen Baum« u.v.a. Von Tierhaltung und Tieraufenthalt zeugen Bezeichnungen wie »Im Hähnenwinkel«, »Auf der Schafbrücke«, »Bei der Kuhbrücke«, »Jenseits der Kuhbrücke«.

Nicht interpretationsfähig sind Flurnamen wie »Vor Armichel«, »Auf Haßelt«, »Auf Siliert«, »Auf Heinsert« (Hinsert) oder »In der Nöll«. Hier war kein Zusammenhang herzustellen oder ein Ursprung auszumachen.

Geschichtlich interessant sind Namen wie »Masthorner Pfad«, »Am Richtenpfad«, »Hinter dem steinernen Kreuz« und »Hinter dem Matzerather Kreuz«. Diese Namen weisen eindeutig auf Fußverbindungen der Filialorte zur Urpfarrei Pronfeld hin. Meist waren es Kirchenpfade, die zudem markiert waren durch »Orientierungshilfen«, die besonders im Winter wichtig waren. Ob die erwähnten Kreuze darüber hinaus aus einem bestimmten Anlass (Unglück, Pest) errichtet wurden, lässt sich heute nicht mit Sicherheit sagen.

Abschließend lässt sich feststellen, dass diese kleine Forschungsarbeit sich außerordentlich gelohnt hat. Wie schon einleitend gesagt, liefern die Flurnamen bedeutende Informationen für die Lokal- und Sprachgeschichte unserer Orte. Diese Arbeit erhebt allerdings keinen Anspruch auf Vollständigkeit und absolute Sicherheit. Für ergänzende Hinweise und Kritik bin ich sehr dankbar.

Von Acht bis Wenzelbach

Prümer Flurnamen als wichtige Geschichtsquellen

Ein Blick in die Geschichte der ehrwürdigen Abteistadt Prüm lohnt sich immer wieder. Im Folgenden betrachten wir einmal die Flurnamen in der Stadt und rund um die Stadt, die wichtige Hinweise auf die Besiedlung und die Herkunft von ortstypischen Bezeichnungen liefern. Als Quelle für diese Nachforschungen dient nach Angaben des Katasteramtes das »Verzeichniß der einzelnen Distrikts resp. Gewannennamen in den Fluren der Gemeinde Prüm« von 1826.

Nach diesen Unterlagen sind die Flurnamen in fünf Gruppen eingeteilt, die sich nach den Örtlichkeiten bzw. Gebäuden richten:

1. die dem Kloster zugeordneten Namen
2. die der sogenannten Bürgersiedlung zugeordneten Namen
3. um die Stiftsfreiheit
4. Kalvarienberg, Kreuzerweg
5. um Prüm herum

Wie anderenorts könnte man auch eine Einteilung nach den Begriffen selbst und deren Endungen vornehmen. So ist eine Unterscheidung nach »Höhe«, »Berg«, »Seifen«, »Bach«, »Born«, »Paisch«, »Wiese«, »Garten«, »Dell«, »Feld«, »Heck«, »Held« oder »Büsch« ebenso leicht zu tätigen. Doch bleiben wir bei der Gruppierung nach den oben genannten »lokalen« Kriterien.

Ingesamt 21 Flurnamen in der Stadt Prüm können dem Kloster zugeordnet werden, das im Jahre 721 gegründet wurde und die Geschichte der Stadt maßgeblich beeinflusste. »Am Kloster«, »Klosterhof«, »Klostergarten«, »Bei der Kirch«, »An der Burg« nehmen direkten Bezug zu den Gebäuden an der Prüm, die ursprünglich im Bereich des heutigen Stadtfriedhofes lagen. Das Gelände unmittelbar um die mächtige Anlage bestimmte weitere Begriffe und verwies zudem auf die Einteilung des Gebietes: »Im Weiher«, »Im Rehgert«, »Auf der Insel«, »Über dem Mühlenwehr«, »Unter dem Duppborn«, »Auf dem Rübenstück«, »Am Prümbach« usw. Auf klösterlich-ländliche Tätigkeiten verweisen Flurnamen wie »Bei der Lohmühle«, »Im Brauhausgarten«, »In der Gerberei unter der Held«, »Im Hopfgarten«, »Im Pottaschgarten« und »Unter der Mühle«. Bis heute sind Lokalitäten wie »Auf dem Hahn« und »In der Held« als ortsspezifische Bezeichnungen erhalten und liefern wichtige Hinweise auf Lagebezeichnungen innerhalb der Stadt Prüm. Nicht zu deuten ist der Flurname »Im Hopendäl« Vielleicht hat auch er mit Hopfen zu tun, denkbar ist auch »Heutal«, wo man das Gras abends zu Haufen zusammenfügte (»hopte«). Interessant erscheint auch der Hinweis, dass der Fluss Prüm in diesem Bereich eine Insel bildete – wohl wegen der Abzweigung des »Mühlenbaches« vom Fluss Prüm im Bereich der Klostermühle.

Zu der Gruppe »Bürger-Siedlung« zählen Flurnamen, die sich zum Teil noch heute in Straßenbezeichnungen wiederfinden: »Auf dem alten Markt«, »In der Pfanngasse«, »Im Thiergarten«, »Am Fuhrweg«, »Am Johannis-Born«, »Auf der Ritz« oder »Auf dem Burgring«. Interessant ist auch, dass sich einige wenig aussagekräftige Namen einschlichen, vermutlich um verbal abzukürzen: »Auf dem Kalk«, »In der Straße«, »Auf dem Berg«, »Im alten Hof«, »Auf dem Graben«, »Auf der Lay«, »Auf dem Strich«, »Auf dem Neugarten«. Andererseits finden sich aber auch echte Flurbezeichnungen, die auf Grundstücke und Felder verweisen. Beispielhaft nenne ich »Auf dem Kleefeld«, »Im Treuenberg«, »Auf Brockenwieschen«, »Auf Heinenpesch«, »Auf Pollichs«, »Auf Kindsen Trisch«. Hier erfahren wir denn auch einige Besitzernamen aus der Stadt, die am Rande der »Bürgersiedlung« Wiesen und Gärten ihr Eigentum nannten. Im Prümer Verzeichnis gibt es in dieser Gruppe seltsamerweise keinen Begriff mit »Bungert« oder »Wingert«, wie er anderenorts oft üblich ist.

Um die »Stiftsfreiheit« gruppieren sich Orts- und Flurbezeichnungen, die auf bedeutende Einrichtungen Prüms verweisen. Ohne diese Flurnamen alle wörtlich zu erwähnen, belasse ich es bei der Benennung dieser Gebäude, die für die Klosterbewohner, später auch für die Stadtbevölkerung von größter Bedeutung waren: Hospital, Spital, Schule, Dechanei, Pfarrhaus und alte Kirche. Die Straßenbezeichnung »Spitalgasse« hat sich bis heute erhalten, ansonsten blieben keine Ortsbezeichnungen erhalten. Alteingesessene Prümer können allerdings die Örtlichkeiten der Gebäude bis heute klar bestimmen.

Der Prümer »Hausberg« – der Kalvarienberg – und der Kreuzerweg sind schicksalhafte Punkte im Bereich der Abteistadt. Die religiösen Hinweise sind unverkennbar: Zum Kalvarienberg und seiner Kapelle führte einst der Kreuzweg, der in der Fastenzeit und speziell am Karfreitag höchste Bedeutung hatte. Der »Kreuzerweg« trägt seinen Namen wegen der sieben Fußfallkreuze, die von Kindern abgeschritten wurden, um für eine gute Sterbestunde eines Schwerkranken zu beten. Das älteste Fußfallkreuz stammt aus dem Jahre 1597 mit der Darstellung der Todesangst Jesu. Zu den Flurnamen rund um den Kalvarienberg und den Kreuzerweg zählen »Auf dem Burgstück«, »Im Eulenrech«, »Am Ölberg«, »Auf Maikreuzchens-Wies«, »Im Lindenberg«, »An der Kuhtrifft«, »Am Kalvarienberg«, »Hinter dem Kalvarienberg«, »In der Krümme«. Die Flurbezeichnung »Auf der Acht« verweist auf die Gerichts- und Hinrichtungsstätte im Bereich des heutigen Achterweges, wo bis heute ein Grabkreuz aus Schieferstein erhalten ist. Hier soll auch der Brandstifter des Brandes von 1768, der 214 Häuser vernichtete, hingerichtet worden sein.

Rund um Prüm verweisen einige Flurnamen auf Streusiedlungen, die bis heute existieren. »In Wirbelscheid«, »Auf der Tafel«, »Auf Walcherath«, »Auf der Selbach« und »Im Rathenberg«. Bei diesen Aussiedlern handelte es sich um Bauern, die aus der Enge des Stadtgebietes auszogen, um größere Betriebe anzusiedeln. Zu den weiteren Flurnamen rund um Prüm zählen »In der Tettenbach«, »Oben in der Tettenbach«, »Am Lenzbrück«, »Auf dem Ma(h)lseifen«, »Im steinigen Berg«, »In der Steinkaul«, »Auf dem Pferdemarkt«, »In der Wenzelbach« und »Forsthaus«. Das abgewandelte Wort »Held« ist von »Heide« abzuleiten. Heide ist ein ebenes, unbebautes, wild bewachsenes Land. Hell oder Helle kann aber auch ein Wohnstättenname sein. Hell/Höll/Helle/Hölle/Hellen/Höllen ist auch eine Geländeform, im Norddeutschen eine abschüssige Fläche. Außerdem gibt es eine Erklärung, die sich auf den Hilferuf »helfa-rihhi« = »Hilfe,Beistand,Schutz« stützt. Schließlich gab es im Mittelalter den mittelhochdeutscher Übernamen »helt« = »Held«.

Auch ist interessant zu erfahren, dass sich beispielsweise der Pferdemarkt und »Lenzbrück« noch vor 200 Jahren außerhalb der Stadt befanden. Daraus ist abzuleiten, dass die Urzelle der Stadt unmittelbar an der Prüm lag. Eine weitere Ausdehnung der Stadt gab es vorerst nur entlang des Gewässers, eine Besiedlung in westliche und nördliche Richtung erfolgte erst etwa 1000 Jahre nach Gründung des Klosters.

Hölzchen, Scheidchen, Wässerchen …

Verkleinerungsformen gibt es in der Eifel auch recht häufig als Ortsnamen. Man wohnt nicht in Holz, Scheid oder Wasser, sondern in den kleinen Weilern Hölzchen (Ortsteil von Arzfeld), Scheidchen (Ortsteil von Lauperath) oder Wässerchen (Ortsteil von Eschfeld).

Übrigens gibt es sehr wohl auch eine Gemeinde Scheid in der VG Obere Kyll. Während die Herkunft von »Holz« und »Wasser« eindeutig ist, kann man »Scheid« sowohl als gerodete Fläche als auch als »Wasser- oder Wegescheide« deuten.

Ford Model C, Eifel

Baujahre: 1935–1940 (in Köln-Niehl), Ungarn (1937–38), Produktion in Deutschland 61.496 Stück, zudem 210 aus Ungarn und Cabrio-Limousinen Montage 1937/38 in Kopenhagen (DK)
Motor: Vierzylinder Seitenventil Motor, 1.157 ccm, 34 PS, Dreigang Getriebe und Heckantrieb.

Der erste Ford Eifel läuft vom Band

Infolge der Weltwirtschaftskrise stockte in den 30er Jahren der Verkauf großer Wagen. In Folge kamen kleinere Modelle wie der »Köln« und 1935 der »Eifel« (als Pendant zum englischen »Ten«) auf den deutschen Markt. Für einige

Exportmärkte wurde der Eifel in Junior umgetauft – wohl weil man dort mit dem deutschen Mittelgebirge wenig anfangen konnte.

Eifel Roadster mit Karmann Karosserie und neuer Kühlergrill Gestaltung

»Der Motor hat bei kleinem Hubvolumen von nur 1157 cm^3 die Bremsleistung von 34 PS«, hob der Prospekt lobend hervor, »dies ist die Leistung, die normalerweise nur bei Sportmotoren oder bei wesentlich komplizierteren Konstruktionen erreicht wird.« Und: »Die vorderen Stahlrohrsessel bieten einen leichten Einstieg der hinteren Fahrgäste«, zeigte sich das Fachblatt »Kraftfahrzeug« angetan und fügte hinzu, der von innen zugängliche Kofferraum nehme »beträchtliches Gepäck« auf. Dieser war allerdings nur »gegen ein kleines Aufgeld« (Originalton Eifel-Prospekt) zu haben, was sich die kleine Kölner Firma Migö zunutze machte.

Mit 61.495 Einheiten bis zum April 1939 erwies sich das Modell als Renner. Bald platzte das rheinische Werk aus allen Nähten.

Ford Eifel Express Lieferwagen

Für Gewerbetreibende gab es außerdem noch einen formschönen Express-Lieferwagen mit Hecktüren. Der günstige Kraftstoffverbrauch resultierte auch aus dem geringen Eigengewicht, die Limousine wog nur 815 kg, der Kastenwagen 800 kg, der Roadster nur 725 kg. Das Kabrio war mit 835 kg das schwerste Modell, die Kabriolimousine wog 815 kg. Das zulässige Gesamtgewicht und die zulässige Ladung waren allerdings auch sehr bescheiden: selbst der Kastenwagen durfte nur mit maximal 350 kg beladen werden.

Eifel Hilfsschlepper im Nachkriegseinsatz beim Kohlentransport

In den Kriegs- und Nachkriegszeiten mussten viele Eifel auch einen Umbau zur Zugmaschine mit Treibgas-Antrieb über sich ergehen lassen. Dazu wurde eine zweite Hinterachse mittels Kettenuntersetzung angetrieben.

Hausmarken als Familienwappen

Beurkundungen erfolgten früher mit dem »Hausmirk«

Die Kunst des Schreibens ist zwar alt, aber die Zeiten, da sie von jedermann erlernt und geübt wurden, liegen noch nicht so ferne. Unsere Heimat befand sich dereinst in dem Bildungsgrade, in dem der Name einer Person noch nicht durch die Schrift von und für jedermann dargestellt werden konnte. Jede Person bedarf aber eines einfachen Zeichens, welches sie vertritt, zu mancherlei Zwecken; denn sie muss sich bald bezeichnen als Vollzieher eines Willensaktes, bald als Urheber eines Werkes, bald als Herr einer Sache. Während wir z. B. unsere Habe mit unserem Namen oder doch wenigstens mit den Anfangsbuchstaben desselben kennzeichnen, tat dieses der Ureinwohner von Oberstadtfeld, dem die Kunst, seinen Namen durch die Schrift darzustellen, unbekannt war, durch ein eigenes Zeichen, das kein anderer Mann des Dorfes, ja nicht einmal sein erwachsener Sohn ohne irgend einen Beistrich anwenden durfte. Da nun die Bewohner von Oberstadtfeld streng am Althergebrachten festhalten, so sind diese Zeichen, gleichsam Familienwappen geworden, noch heute in Anwendung.

Wir finden diese Familienwappen, die den Namen »Haus- und Hofmarken« führen, an den Grenzen der Felder und Wiesen eingeritzt, auf allen Werkzeugen, auf dem Sacke, der zur Mühle gebracht wird, auf manchen Türen und Toren des Hauses, auf dem Pflaster des Hofes, überhaupt dort, wo man den Namen hinsetzt. Der »Hausmirk« steht auf manchen Urkunden als Unterschrift. Dafür legen die Urkundensammlungen der Pfarrei und der Bürgermeisterei in Niederstadtfeld Zeugnis ab. Eine Schuldurkunde aus dem Jahre 1734, aufbewahrt im Pfarrarchiv in Niederstadtfeld, trägt die Hauszeichen von 30 Bürgern aus Ober- und Niederstadtfeld. Sogar der damalige »Borgemester« Niklas Gitzen ist des »Schreibens unerfahren« und bekennt sich durch Hinmalen seines Hausmirks als Analphabet. Den Anfertiger der Schuldurkunde hatte man sich von Daun kommen lassen. Am 3. Oktober 1760 erschien der Freiherr Joseph von Zandt von Burg Lissingen zur Einholung landesherrlicher Hoheit in Neroth. Der feierliche Vorgang wurde zu Protokoll genommen, in das Schöffenbuch eingetragen und von dem Freiherrn, den Geistlichen und den Schöffen unterschrieben. Von letzteren konnte jedoch nur Joannes Schmitt seinen Namen schreiben. Die anderen setzen ihr »Hausmirk«:

Vor dem Jahre 1685 wurden die Familienakten nur vom Pfarrer der Gemeinde eingeschrieben. Seit dem Jahre 1685 mussten mit dem Pfarrer auch Zeugen unterschreiben. Eine diesbezügliche Notiz lautet: »Auf königlich-franz. Befehl bei Straf von 250 Gulden ist verordnet worden, dass bei Leichen, Hochzeiten und Kindtaufen die Eltern und Pfettern oder andere an deren Statt als Zeugen selbst unterschreiben oder das Hofzeichen zu ihrem Namen machen sollen, so sie des Schreibens unerfahren.«

Der Gebrauch der Hauszeichen ist ein Merkmal germanischer Abstammung. Die Hofmarken sind bekannt bei den Isländern, in der Schweiz und bei den Engländern. Im Regierungsbezirke Trier finden und fanden sie Anwendung in der Eifel, im Trierischen Hochwald, an der Mosel und selbst in der Stadt Trier. Es sind Hausmarken bekannt von Oberstadtfeld, Niederstadtfeld, Deudesfeld, Wallenborn, Neroth, Uedersdorf, Daun, Mückeln, Niederöfflingen, Oberzerf, Greimerath, Irsch, Serrig, Mastershausen, Schweineschied.

In Oberstadtfeld wurden früher wie an anderen Orten Säckchen mit den Hauszeichen beim Ortsvorsteher aufbewahrt. Beim Verteilen des Losholzes nahm ein Knabe aus dem Säckchen die Stäbchen mit den Hausmarken, während ein anderer Knabe aus einem zweiten Säckchen die Holznummern zog.

Betrachten wir nun die äußere Gestalt der Hauszeichen! Die älteste Herstellung der Zeichen dürfen wir uns als ein Hauen, Schneiden, Ritzen und Reißen in Bäumen, Pfähle, Balken, Steine, Hörner und dergleichen denken. Das einfachste und zugänglichste Zeichen ist die gerade Linie. Sie kann in den verschiedensten Richtungen einfach und zusammengesetzt, ohne alle Kunst und Mühe durch die primitivsten Werkzeuge einer Sache aufgetragen, eingeritzt und aufgeprägt werden. Der senkrechte Strich geht dem schrägen voran, dieser wieder dem waagerechten. Zuletzt steht wohl die geschwungene Linie oder der Kreis.

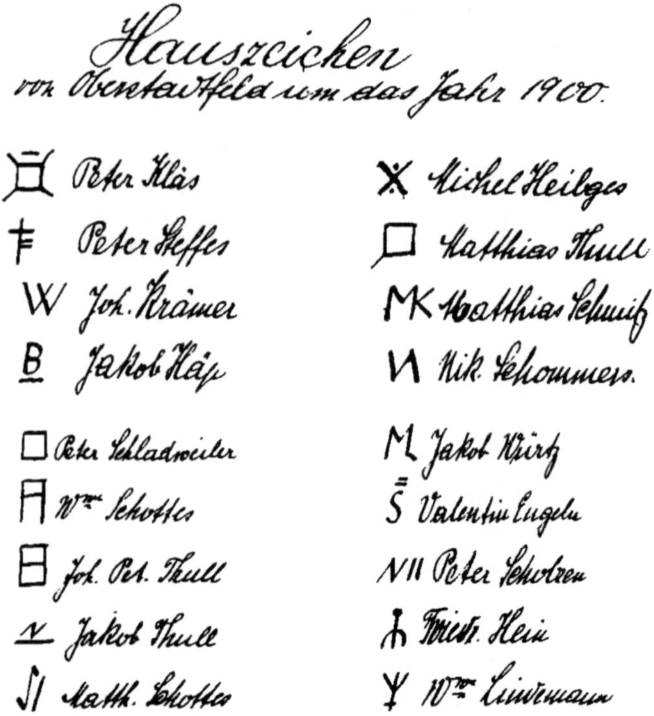

(Von Wilhelm Peters)

Heimweh nach der Weidenflöte

Das Weidenliedchen klingt in mir nach, als ich weiterwandere. Wie lange ist es her, dass ich selbst Weidenflöten klopfte! Hinter dem Dorf, wo niemand es sieht, schneide ich einen treibenden Weidenstock ab und will es noch einmal versuchen. Beim Klopfen singe ich das Lied der eigenen Kinderzeit, den Südeifeler und Hunsrücker Beschwörungsspruch; eintönig klingt seine Melodie:

Saft, saft, seide!
De Junge wollten reide,
Do fielen se in de Baach,
De Hup es noch net gemaach:
Mutter, gib mir Pfennige!
Was tust du mit den Pfennigen?
Nadeln kaufen – Nadeln kaufen.
Was tust du mit den Nadeln?
Säckelchen nähen – Säckelchen nähen.
Was tust du mit den Säckelchen?
Steinchen raffen – Steinchen raffen.
Was tust du mit den Steinchen?
Vögel werfen – Vögel werfen.
Was tust du mit den Vögeln?
Braten – braten.
Jetzt ist die Pfeife wohl geraten!

(Peter Kremer)

Heischen in der Nordeifel

Eine Frage ergibt die andere und gleich singt die muntere Kinderschar mir ihr Liedchen noch einmal, und zwar langsam und mit köstlicher Betonung.

Hu Fastelovend!
Schneck mer jet vom Brode!
Schneck mr jet vom decke Speck,
Dat ich ens kore, wie et schmeck.

Stell de Leeder an de Wand,
Holldat Mätz en die räech Hand.
Schneck esu deck wie ne Möllesteen!
Do joh mer och met »Freude« heem!

– Fröhlich und schmetternd klingt es aus einigen Dutzend Kehlen:

Mie(r) danke füur de Gabe,
Die mie(r) empfange haan.
Wollt ehr och mot os äße,
Da mot ehr och mot os john!

(Originaltext)

Hirten- und Gesindewesen

»St. Jertrud jet de Beijen de Floch, de Kiejen de Jaank, de Pärden de Straank, dem Hammel haut sie de Kripp op!« – »St. Gertrud gibt den Bienen den Flug, den Kühen den Gang, den Pferden den Strang, dem Hammel hebt sie die Krippe auf.«

So lautet der eifelweit bekannte Spruch, auch eine Art Bauernregel, die darauf hinweist, dass ab dem 17. März das Vieh auf die Weiden getrieben wird. Jedoch scheint dieser Termin, zumindest für die Höhen der Schneifel und des Venngebietes weitaus verfrüht, wenn man bedenkt, dass oft noch im April Schnee fällt und die letzten Fröste bis in den Mai hineinreichen.

Das Vieh treiben, bewachen und hüten brachte einerseits viel Mühen mit sich. Hirten waren zu früherer Zeit vornehmlich Gemeindehirten, »Lohnhirten«. Vereinzelt gab es auch Hofhirten, die sich nur für ein Gehöft zuständig zeichneten. Derartige Gemeindehirten gab es bis vor hundert Jahren, in der Westeifel noch bis in die 30er Jahre dieses Jahrhunderts, zumeist als Schweine- oder Schafhirt. Hüter war fast immer der »Kihjung«, seltener ein »Kihmädchen«. Diese Hütejungen trugen oftmals volksbeliebte Namen wie »Schäferkobes«, »Kihmaates« oder »Schwingshennes«.

Am Morgen des Weidganges zog der Schafshirt durchs Dorf, um die Schafe zu sammeln. Dies geschah ganz einfach durch Pfiffe auf mehreren Fingern, die ihn als Hüter unverwechselbar machten. Dieses schlichte Signal reichte: alle Bauern öffneten ihre Ställe und vertrauten für einen bestimmten Zeitraum dem Hüter ihre Herde.

Die Gemeindehirten, oft auch allgemein »Sauhirt«, »Schwingshirt« oder »Scholtes« gerufen, schützten ihre Weideflächen, die von keinem betreten werden durfte, durch einen Strohwisch oder Wehrwisch, im Kreis Prüm auch »Schütze« genannt. Diese Wedel bestanden meistens aus Ginsterbusch, Buchen- oder Haselzweigen und wurden in Abständen an den Rand der Weidetrift gut sichtbar aufgesteckt. Diese streng diktierte Regel war zwar ein ungeschriebenes Gesetz, wurde aber eingehalten. erst am Michelstag (29. September) lockerten sich diese Vorschriften und es herrschte allgemeine Weidefreiheit. »Matt Mechelsdaach sen de Wisen all opjedun un jemeen«, sagte hierzu der Volksmund. Aus Freude über die Hütebefreiung entzündeten die Burschen »Mechelsfeijer« und rotteten sich zusammen.

Besonderes Augenmerk wurde auf den Hütedienst für Pferde und Fohlen gelegt. Nächtlicher Weidegang war sehr beliebt. Die Pflege und Hut der Pferde eines Hofes war den Jungknechten oder besonders gedungenen Dienstjungen anvertraut. Diese hatten eine verantwortungsbewusste Arbeit zu verrichten, was folgende Redensart belegt: »Dän Deiwel wolt alles jän, nemmen keen Schnouer udder e Pärdsjung« (Der Teufel wollte alles werden, nur keine Schwiegertochter oder ein Pferdejunge«).

Die Gemeindehirten erhielten ihre Kost wechselnd bei einem anderen Bauern. Wer einen Hirten »an der Hol« (am Kesselhaken, sprich in Essen) hatte, dazu oft noch den Frühmesser, Hilfslehrer oder Pastor, brauchte viele Kartoffeln für die tägliche »Jromperszopp«. Ansonsten bekam der Hütejunge Flachs, fertiges Leinen, Naturalien, seltener Geld. Der Schafhirte hatte bei einem Bauern so viele eigene Mutterschafe in Pflege und Futter, wie er Tage dort in Kost war. Was er aus Wolle und Lämmern einnahm, brachte ihm Anteil am Erlös. Zudem waren Hirten oftmals als Schlächter und »Viehdoktor« tätig, die beim Verkauf von Tieren ein Trinkgeld erhielten.

Nach einer Quelle (A. Wrede, S. 267) gab es im Jahre 1861 noch 23.583 Schafe im Kreis Bitburg; Zahlen aus anderen Landkreisen sind nicht bekannt.

Eifeler Bauern, von auswärtigen zuweilen als »knastisch« (zugeknöpft, sparsam) bezeichnet, waren stets bemüht, ihre Arbeit in Haus und Hof durch eigene Leute zu versorgen. Darüber hinaus kam es jedoch auch dazu, dass Gesinde, Knechte und Mägde, gehalten wurden, um mit anzupacken. Hierzu gab es Gesindemärkte, an denen Burschen und Mädchen sich »verdingten«. Gesindemärkte wurden bis zu Beginn des 20. Jahrhunderts beispielsweise am 26. Dezember in Prüm, Wittlich und Lutzerath, am 27. Dezember in Münstermaifeld oder am 6. Dezember in Cochem abgehalten. Den größten Eifeler Gesindemarkt gab es in Neuerburg, wo vornehmlich Luxemburger Bauern ihre Gehilfen aussuchten. Am 2. Adventsmontag 1952 versuchten sich hier noch über 100 junge Männer zu verdingen, etwa 200 Bauern hingegen suchten nach Knechten. Einen letzten Markt dieser Art gab es im Jahre 1958 in Bitburg.

Ein interessantes Beispiel, wie es auf einem Eifeler Gesindemarkt zuging, liefert uns Dr. Milz in der Zeitschrift »Die Eifel« von 1991:

Bauer zum Bauernmädchen: »Wo kommst du her?«

»Von ... Ich war schon zwei Jahre in ... Da habe ich gedient.«

»So! Kannst du kochen?«

»Ja, das habe ich schon zu Hause getan.«

»Kannst du melken?«

»Gewiss das! Ich kann melken, Butter machen und das Vieh versorgen.«

»Kannst du auch Brot backen?«

»Aber sicher, das musste ich schon immer tun.«

»Dann gehen wir einen Schoppen trinken!«

Gesindemärkte boten Abwechslung und Kurzweil, sie waren zugleich Vergnügungsstätten. Waren wurden ebenso angeboten wie Rummel, Getränke und Backwerk. Besonders beliebt waren die länglichen und herzförmigen Lebkuchen, die auch durch Spiele, besonders am Drehbrett, zu gewinnen waren.

Nach Abschluss der Verdingung erhielten die neuen Dienstleute den sog. »Mietpfennig« oder das Handgeld. Erst durch Annahme dieses Geldes wurde der Mietvertrag beschlossene Sache.

Von jeher bestand in den Eifeler Bauernhöfen ein patriarchalisches Verhältnis. Es war darin begründet, dass Bauersleute und Gesinde für die Wirtschaft und das Haus ihre ganze Kraft einsetzten. Knechte und Mägde waren Teil der Sippe, es gab in der Wertschätzung keinen Unterschied zwischen Bauer und Knecht, zwischen Bäuerin und Magd. Man aß zur gleichen Zeit miteinander am gleichen Tisch dieselben Mahlzeiten. Das Gesinde wurde am Christtag oft reicher beschenkt als die Kinder, an Festtagen wie Kirmes oder Ostern wurden die Bräuche gemeinsam gepflegt.

In größeren Eifeler Bauernhäusern bestand eine ganz bestimmte Rangfolge unter dem Gesinde. Es gab in der Südeifel einen Oberknecht, in der Nordeifel Meisterknecht genannt, der das ganze Vertrauen des Bauern besaß und über Hof, Stall und Feld wachte. Ihm folgte der Gespannknecht, verantwortlich für die Feldarbeit, schließlich der Ochsenknecht oder »Pärdsjung« sowie die Hütejungen. Bei den Mägden war die Rangfolge nicht so deutlich definiert, jedoch unterschied man zwischen denen, die sich für die Feld- und Hofarbeit verantwortlich zeichneten, vor allem für das Melken, und denen, die für Haus und Küche zuständig waren.

Zum Brauchtum gehörte ferner, dass die Magd dreimal im Haus um die »Hol« (Kesselhaken), der Knecht dreimal um die »Geißel« (Peitschenstiel) geführt wurde: Zeichen der Auf- und Annahme in die Hausgemeinschaft. Dies geschah meistens am Lichtmesstag. Den Hausherrn nannten die »Neuen« immer »Ihm«, die Hausherrin »Mihn«. Diese wurden mit »Sie« (»Dir«) angesprochen, andere Teilhaber an der Hausgemeinschaft mit »Du«. Größere Höfe hatten einen Meisterknecht und einen Unterknecht, bei den

Frauen gab es dieselbe Gliederung. Dazu kamen in den meisten Fällen ein Ochsen- oder Pferdejunge und eine Kuhmagd.

Als Lohn erhielten die Knechte einen geringen Anteil Bargeld, dazu Wolle, Kleidung und Schuhe. Vor 150 Jahren gab es auf dem Maifeld für den Meisterknecht 36 Taler, zwei Paar Schuhe, ein Pfund Wolle, und eine leinene Hose, für den Unterknecht 24 Taler mit gleichen Zugaben. In der Westeifel ist auch von einem neuen Anzug nebst Wäsche die Rede. Die Meistermagd erhielt 17 Taler, eine Schürze, ein Hemd, ein Pfund Wolle und drei Paar Schuhe, die Untermagd 13 Taler, zwei Paar Schuhe, eine Schürze, ein Hemd, ein Pfund Wolle. Ferner erhielten Knechte und Mägde Naturalien in Form von Weizen, Flachs, Obst, Viez oder Roggen. Vereinzelt hat sich auch die Sitte, dem Gesinde den Ertrag einer kleinen Bodenfläche zukommen zu lassen, dazu das Saatgut und den Dünger, erhalten.

Knechte und Mägde, die das Vieh zu versorgen hatten, durften beim Verkauf Trinkgeld erwarten. Dieses diente wiederum zur Anschaffung von »Geschirr« (Küchenutensilien), Anzügen, Fleisch oder Kartoffeln.

Eefelspaaß

Itsch-mich und Pitsch-mich gingen in den Garten.
Itsch-mich kam heraus.
Wer blieb dinnen?

»Itsch-mich und Pitsch-mich« kennt man in der Eifel. Ich auch. Das hat gute Gründe: Erstens kenne ich die beiden »Typen« aus meiner Kindheit. Sie sind zwar erfundene und durchaus beliebte »Eifelgesellen« – dennoch kann der letztere einem gehörig weh tun.

Wenn ich also die richtige Antwort auf die Frage »Wer blieb drinnen?« – nämlich »Pitsch-mich« – äußerte, wurde ich in der Tat kräftig »gepitscht«. Das heißt nichts anderes als »Es wurde feste gezwickt«, also: man wurde mit Daumen und Zeigefinger kräftig gepiesackt. Dennoch sind »Itsch-mich« und »Pitsch-mich« mir sehr liebenswerte Bekannte geblieben. Durch sie stieß ich auf viele selbst erlebte und überlieferte Traditionen aus vergangenen Jahrhunderten – bezogen auf die Kinderwelt.

Der arme Kesselflicker

Wie ihre Berufskollegen – Scherenschleifer, Kupferschmiede, Besenbinder und andere Handwerker – zogen die Kesselflicker mit Wohnkarren und Familie von Ort zu Ort. Sie lagerten neben den Dörfern und richteten dort ihre Werk- und Feuerstätten ein.

Allgemein galten die Kesselflicker früher als »eine Art von Kupferschmieden, welche mit altem Kupfer und ihrem Handwerkszeuge auf dem Lande umher ziehen, und insonderheit den Landleuten, oder an solchen Oertern, wo keine ordentliche Kupferschmiede sich befinden, die schadhaft gewordenen Kessel und anderes dergleichen Geräth flicken oder ausbessern. Sie treiben sich gemeiniglich auch in den Städten auf den Straßen herum, und schreyen ihre Arbeit aus. Die rechten und zünftigen Kupferschmiede aber halten sie für Störer und Pfuscher.«

Die gesellschaftliche Randstellung der migrierenden Flickhandwerker und die damit einhergehende Stigmatisierung spiegeln sich in Redewendungen wie: »Der schimpft wie ein Kesselflicker« oder »Die schlagen sich wie die Kesselflicker« wider. Beide wollen besagen, dass man besonders laut, vulgär oder exzessiv schimpft, säuft, schlägt oder streitet.

Ich selbst kann mich erinnern: Es war 1956, als mich »mein Pap« in die Lünebacher Straße gegenüber von »Millich Pitter« schickte, wo ich ein paar »Döppen« abzugeben hatte. Ich war damals sehr berührt von der Armut des armen Kesselflickers und seiner notleidenden Kinderschar. Auf der Erde brannte ein zartes Feuer, über dem eine dünne Suppe aus hiesigen Pflanzen köchelte. Das »Lager« befand sich direkt an der damals selten befahrenen Straße und war mehr als dürftig.

Als ich am nächsten Tag die geflickten Töpfe abholen ging, gab mir mein Vater ein Stück Speck und Eier mit. Das dankende Gesicht habe ich bis heute nicht vergessen.

Kinderlieder

Weißt du, wie viel Sternlein stehen an dem blauen Himmelszelt?
Weißt du, wie viel Wolken gehen weithin über alle Welt?
Gott der Herr hat sie gezählet, dass ihm auch nicht eines fehlet,
An der ganzen großen Zahl, an der ganzen großen Zahl.

Weißt du, wie viel Mücklein spielen in der heißen Sommerglut?
Wie viel Fischlein auch sich kühlen in der hellen Wasserflut?
Gott der Herr rief sie mit Namen, dass sie nun ins Leben kamen,
Dass sie nun so fröhlich sind, dass sie nun so fröhlich sind.

Weißt du, wie viel Kinder frühe stehn aus ihrem Bettlein auf?
Dass sie ohne Sorg und Mühe fröhlich sind im Tageslauf?
Gott im Himmel hat an allen seine Lust, sein Wohlgefallen,
Kennt auch dich und hat dich lieb, kennt auch dich und hat dich lieb.

******

Wer will fleißige Handwerker sehn,
der muß zu uns Kindern gehn.

Stein auf Stein, Stein auf Stein,
das Häuschen wird bald fertig sein.
Stein auf Stein, Stein auf Stein,
das Häuschen wird bald fertig sein.

Wer will fleißige Handwerker sehn, ...

O wie fein, o wie fein,
der Glaser setzt die Scheiben ein.

Wer will ...

Tauchet ein, tauchet ein,
der Maler streicht die Wände fein.

Wer will ...

Zisch, zisch, zisch, zisch, zisch, zisch,
der Schreiner hobelt glatt den Tisch.

Wer will ...

Poch, poch, poch, poch, poch, poch,
der Schuster schustert zu das Loch.

Stich, stich, stich, stich, stich, stich,
der Schneider näht ein Kleid für mich.
Ref.: Wer will ...

Tripp, trapp, drein, tripp, trapp, drein,
jetzt gehn wir von der Arbeit heim.

Wer will fleißige Handwerker sehn ...

******

Wollt ihr wissen, wollt ihr wissen, was die kleinen Buben machen?
Trommel schlagen, Trommel schlagen. Seht, das machen sie.

Wollt ihr wissen, wollt ihr wissen, was die kleinen Mädchen machen?
Püppchen wiegen, Püppchen wiegen. Seht, das machen sie.

Wollt ihr wissen, wollt ihr wissen, was die großen Jungen machen?
Stiegen steigen, Stiegen steigen. Seht, das machen sie.

Wollt ihr wissen, wollt ihr wissen, was die großen Mädchen machen?
Blumen sticken, Blumen sticken. Seht, das machen sie.

Wollt ihr wissen, wollt ihr wissen, was die jungen Herren machen?
Hut abnehmen, Hut abnehmen. Seht, das machen sie.

Wollt ihr wissen, wollt ihr wissen, was die jungen Damen machen?
Knickse machen, Knickse machen. Seht, das machen sie.

Wollt ihr wissen, wollt ihr wissen, was die alten Herren machen?
Pfeifchen rauchen, Pfeifchen rauchen. Seht, das machen sie.

Wollt ihr wissen, wollt ihr wissen, was die alten Damen machen?
Kaffee trinken, Kaffee trinken. Seht, das machen sie.

******

Zeigt her eure Füße, zeigt her eure Schuh'
und sehet den fleißigen Waschfrauen zu.
Sie waschen. Sie waschen. Sie waschen den ganzen Tag.
Sie waschen. Sie waschen. Sie waschen den ganzen Tag.

Refrain:

Zeigt her eure Füße, zeigt her eure Schuh'
und sehet den fleißigen Waschfrauen zu.
Sie winden, sie winden, sie winden den ganzen Tag.

Refrain: Zeigt her ...
Sie hängen, sie hängen, sie hängen den ganzen Tag.

Refrain: Zeigt her ...
Sie legen, sie legen, sie legen den ganzen Tag.

Refrain: Zeigt her ...
Sie rollen, sie rollen, sie rollen den ganzen Tag.

Refrain: Zeigt her ...
Sie bügeln, sie bügeln, sie bügeln den ganzen Tag.

Refrain: Zeigt her ...
Sie klatschen, sie klatschen, sie klatschen den ganzen Tag.

Refrain: Zeigt her ...
Sie ruhen, sie ruhen, sie ruhen den ganzen Tag.

Refrain: Zeigt her ...
Sie tanzen, sie tanzen, sie tanzen den ganzen Tag.

******

Eia, popeia, was raschelt im Stroh?
Das sind die lieben Gänschen, die hab'n keine Schuh.
Der Schuster hat's Leder, kein Leisten dazu.
Drum gehn die lieben Gänschen und hab'n keine Schuh.

Eia, popeia, das ist eine Not.
Wer schenkt mir einen Meiler zu Zucker und Brot?
Verkauf ich mein Bettlein und leg mich aufs Stroh,
Sticht mich keine Feder und beißt mich kein Floh.

Die beliebte Schnitzeljagd

Vor der Schnitzeljagd sollte man das Gebiet in dem sie stattfinden soll und die möglichen Wege abgehen um an der Jagd selber zügig die Fährte legen zu können und dabei das Ziel im Auge zu haben.

Am Tag der Schnitzeljagd treffen sich alle Mitspieler am Ausgangspunkt. Sie vereinbaren wer die zwei »Füchse« sind. An einer Kindergeburtstags-Schnitzeljagd bietet es sich an, wenn ein Elternteil oder ältere Geschwister evtl. zusammen mit einem Kind die Fährte legen bzw. die Rolle der »Füchse« übernehmen. Sie gehen voraus und markieren ca. alle zwanzig bis dreißig Schritte den Weg indem sie Spuren legen.

Spuren können mit Straßenkreide aufgemalte Pfeile und Hinweise sein. Ihr könnt auch bestimmte Steinchen oder kleine Häufchen Sägespäne als Kennzeichnung verwenden.

Auch auf Notizzettel gemalte Pfeile und Hinweise können mit Steinen beschwert oder an Dingen befestigt den »Jägern« den Weg weisen. Nun werden also wegweisende Spuren gelegt bzw. gemalt. Hier sollten die »Füchse« jedoch auch irreführende Hinweise wie Pfeile, die in zwei Richtungen deuten z.B. geradeaus und nach links, geben.

Diese verschiedenen Richtungsmöglichkeiten machen die Schnitzeljagd erst richtig interessant und knifflig und die Jäger müssen sich anstrengen, um den richtigen Weg zu finden.

Die zwei »Füchse« können auch eine »tote Spur« legen.

Das heißt ein »Fuchs« legt Spuren in eine mögliche Richtung, die jedoch falsch ist und lenkt damit von der Hauptspur ab.

Nach ca. 5–10 Spuren bzw. Sägespänehäufchen o.ä. endet plötzlich die (falsche) Spur.

Die »Jäger« müssen später den bereits gegangen Weg ein Stück weit zurückgehen, bis sie wieder die richtige Fährte aufnehmen können. Der andere »Fuchs« legt derweil weiter Spuren auf der Hauptfährte.

Der zweite »Fuchs« kommt hier wieder hinzu und hilft ihm auf der Hauptfährte.

Umso mehr »tote Spuren« gelegt werden, um so anspruchsvoller und schwieriger ist die Schnitzeljagd.

Die »Jäger« starten 30 Minuten nach den »Füchsen« am Ausgangspunkt und nehmen gemeinsam die Fährte auf. Bei der Schnitzeljagd sind bei den »Jägern« Teamgeist und Absprache gefragt, um gemeinsam ans Ziel zu kommen. Die »Füchse« markieren am Ende ihren Endpunkt z.B. mit einem Kreuz oder einem großen Häufchen Sägespäne. Dann verstecken sie sich. Die »Jäger« müssen sie dann innerhalb eines bestimmten Umkreises findet. Ihr könnt auf das Verstecken der »Füchse« auch verzichten und eine Schatzkiste oder ähnliches suchen lassen.

Kirmes an dr Eefel

Die volksgängige Bezeichnung »Kirmes« hat zwei etymologische Wurzeln; zum einen kann man sie als eine Kurzform von »Kirchweihmesse« vermuten oder von »kirmesz« ableiten, das als »Geschenk« zu definieren ist. Sicher ist die Kirmes zunächst ein Gedenkfest an die Weihe der Kirche durch den Bischof und oft auch für den Festtag des Kirchenpatrons. Bei der Feier der Kirchweihe und des Kirchenpatrons gewann zumeist ein Fest die Oberhand und ließ das zweite verschwinden. Zumeist blieb das Patronatfest übrig. Mittlerweile geht die Bestrebung dahin, auch diese oft ungewünschten Termine zu verschieben und in freundliche Sommermonate zu verlegen. So erging es beispielsweise einigen Martinskirmessen.

Kleinere Patrozinienfeiern wurden in der Westeifel »Döppenkirmes« genannt, bezeichnend, weil der Feierschwerpunkt in Essen und Trinken lag. Die »Döppenkirmes« erscheint bereits im Jahre 1645 im luxemburgischen Springkingen.

Auf der Mainzer Synode vom Jahre 813 wird das Kirchweihfest unter den gebotenen kirchlichen Feiertagen aufgezählt. Mit der Feiertagsordnung des Trierer Erzbischofs Balduin (1323) wurde die Kirmes als örtlicher Festtag mit Arbeitsruhe und Verpflichtung zur Teilnahme am Gottesdienst begangen. Viele Menschen strömten anlässlich dieses Festes in die Dörfer: Verwandte, Bekannte, oftmals fromme Pilgergruppen und heischende Bettlerscharen, Krämer und Kauflustige gaben dem Kirmesgeschehen sein Gepräge. Der Vormittag war durch die kirchliche Feier gekennzeichnet, aber unmittelbar danach begann das lärmende Kirmestreiben, das neben Geselligkeit und Musik häufig auch Streit und andere Exzesse mit sich brachte.

Doch zunächst zum kirchlichen Teil des Festtages. Die Pfarrkirche mit dem Kirchhof war seit jeher der räumliche und soziale Mittelpunkt der Dörfer. Auf dem Gang zum Kirmesgottesdienst am Sonntagmorgen begegnete man sich zuerst an den Familiengräbern. Die »benedictio populi« vor dem Hochamt galt nicht nur den Lebenden in der Kirche, sondern auch den Verstorbenen im Bereich des Friedhofes.

Nach der Predigt verlas der Priester die Namen der jüngst verstorbenen Pfarrmitglieder mit der Bitte um ein Gedenken im Gebet. Die ursprüngliche Dauer von acht Tagen als hohes kirchliches Fest mit Oktav war früher üblich. Für den Pfarrer begann die Kirmes schon am Vortag mit der Kirmesvesper, zu der Küster und Kirchenrechner erscheinen mussten. Der Pfarrer erhielt für diesen Dienst eine Vespergebühr in Form von Kirmesfladen und Vesperwein. Das Sonntagshochamt wurde in Konzelebration mit mehreren Geistlichen gehalten. Oftmals wurde es mit einer feierlichen Sakramentsprozession eingeleitet und an einem Freialtar der Segen gespendet. Böllerschüsse zur Prozession, volkstümlich »Katzekääp« genannt, waren ein bestimmendes Brauchrequisit der Westeifeler Kirmes. Auch während des Hochamtes gab es diese Lärmstöße. Vielerorts halfen »spielleuthen« bei der musikalischen Gestaltung des Hochamtes.

Der Morgen war ursprünglich der Jugend vorbehalten. Es gab eine Jugend- und Junggesellenmesse mit Opfergang, den der älteste Junggeselle anführte. Häufig entstanden aus dieser Zeremonie Vereine der Junggesellen, so etwa in Schönecken. Mehr und mehr trat an die Stelle der Jugendmesse ein Gottesdienst für die Verstorbenen der Pfarrei mit Gang zum Friedhof. Da nicht selten der Kirchenpatron ein Helferheiliger war, gab es an dessen Ehrentag einen Bittgang. Dazu gehörte eine Opfer- und Weihegabe, die nach dem Hochamt öffentlich versteigert wurde. Der Erlös floß der Kirchenkasse zu. Vielfach waren es Getreidespenden zum Unterhalt der Kirchen. Selbst nach dem 2. Weltkrieg gab es noch solche Spenden, wie Dr. Kyll aus eigener Anschauung wusste.

Die weltliche Feier der Kirmes gilt als »Hochfest« im Leben des Dorfes. Da es an diesem Tag schon im 15.

Jahrhundert zu Friedensbrüchen kam, gab es bereits um diese Zeit Weistümer mit zahlreichen Bestimmungen zur personalen Sicherheit. In diesen Verordnungen ging es ferner um das Eichrecht für Maß und Gewichte, um das Markt- und Standrecht, das Schank- und Zapfrecht, bewaffnete Gerichtsboten wurden zur Wahrung des Friedens in die Kirmesdörfer beordert.

Zur Kirmes gehörte ein kleiner und ein großer Markt. Es gab Warenstände ebenso wie Spielbuden und Getränkestände. Auch in kleinen Weilern gab es offizielle Märkte zur Kirmes, die weit über die eigentliche Bedeutung des Ortes hinausgingen. Häufig waren dies Vieh- und Krammärkte wie beispielsweise in Fleringen am Lukastag, in Preischeid am Albinstag, in Dahnen am Hubertustag oder in Dasburg am Fest Mariä Geburt.

Der Grundherr hatte den Platz zu stellen, auf dem die Buden aufgeschlagen wurden. Er zog dafür die Standgelder ein. Damit die Marktgerechtigkeit gewahrt blieb, mussten mit Beginn der Kirmesfreiheit bei dem Grundherrn die einheitlichen Maße und Gewichte geliehen werden, wie aus Prüm bezeugt wird (1517). Das »bann- und weinrecht« steht dem Grundherrn zu, der es an Wirte weitergibt. Zuvor prüft er den Wein nach einheimischem Brauch mit Weißbrot und Käse. An den Getränkeständen wurde »wein, gebranten wein, bierentrank oder bier« feilgehalten, Getränke, die allesamt verzapft wurden.

Den Tanz gibt es seit Reginos Zeiten in unserem Kulturraum. Vom Erlaubnisrecht zum öffentlichen Tanz hört man in einer Quelle des Jahres 1664, in dem der Pfarrer die Erlaubnis zum Kirmestanz erteilt. Nicht sicher ist, ob es sich um Tänze auf kircheneigenem Boden handelt. In Birresborn wurde erzählt von einem Kirmestanz, der auf dem Kirchhof stattfand. In Bleialf erzählte man noch im Jahre 1950 von dem Brauch, dass junge Burschen nach Beendigung der Sonntagsvesper mit der Musikkapelle die Mädchen an der Kirche abholten, um mit ihnen zum Tanz zu gehen. (Zum besseren Verständnis muss gesagt werden, dass es sich bei dem besagten Kirchhof nicht nur um eine Begräbnisstätte handelte, sondern teilweise auch um Freiraum, den der Pfarrer für Obst und Gras nutzen konnte.) Andere Tanzstätten zur Kirmes waren Plätze vor Privathäusern, vor Wirtshäusern, in großen Stuben, in Scheunentennen, sogar vor dem Gerichtskreuz wie in Niederkerschen/Lux. Das Tanzvergnügen dauerte zumeist vom späten Nachmittag bis gegen Sonnenuntergang.

Tanzen war sogar zeitweise verboten (erzbischöfliche Statuten des Jahres 1678), und es wurde den Beamten empfohlen, »die Musikinstrumente zu zerschlagen.« Später wurde es Sitte, dass ein Gastwirt die Tanzveranstaltung übernahm. In der Halbzeit eines jeden Doppeltanzes wurde der männliche Tanzpartner aufgefordert, einen Tanzgroschen zu spenden, denn die Spielleute mussten ihrerseits ein »Spielgeld« an den Grundherrn bezahlen. Zumeist wurde auf einer Geige gespielt, in der Not auch auf einem mit Papier umwickelten Kamm.

Für die Männer, Alt und Jung, gab es zur Kirmes viel Kurzweil in Form mannigfacher Spiele. Oft ging es dabei um Geld und viel Wagemut. Trumpf war das Kartenspiel, das in den Dörfern mit großer Leidenschaft gespielt wurde. Zur Kirmes wurden solche Spiele öffentlich durchgeführt. Allerdings musste für öffentliche Kartenspiele die Erlaubnis des Grundherrn eingeholt und ihm eine Abgabe gezahlt werden. Am 15. März 1768 wurde das Glücksspielen mit Karten und Würfeln per bischöflichem Erlass verboten. Als damalige Spiele werden genannt: Pas-dix, Cinq ou neuf, Quindeci, Pharo, Tredeci, Landsknecht und Häufeln. »Wagspiele mit Würfeln und Drehbrettern« wurden ebenfalls untersagt. Bei den Drehbrettern ging es nicht nur um die »Lotto-Drehscheibe«, sondern um den »Brettkegel«, auch »Turnickel« genannt. Dieses Spiel war das beliebteste Glücksspiel und wurde mit recht hohem Einsatz gespielt.

Das volkstümlichste aller Dorfspiele war zur Kirmes das Kegelspiel, das bereits 1310 von Erzbischof Balduin von Trier verboten worden war. Im Jahre 1568 wird von einem »keillenspiel« gesprochen, das in Bettenburg / Lux. gespielt wurde. Die ortsfeste Kegelbahn war eine einfache unbedachte Sandbahn mit einem Anlaufbrett. Drei Kegel, die in einer Schräge postiert waren, mussten getroffen werden. Auf diesen Kegelbahnen wurde fast jeden Sonntag mit hohen Einsätzen gespielt. Als Geschäftemacher bei solchen Spielen galten weniger die Dorfbewohner, sondern vornehmlich herumziehende, nicht sesshafte Wandervögel.

Die Eifeler Küche bot zur Kirmes alles auf, was die Vorratskammer zu bieten hatte. Schon Tage vor der Kirmes wurde vorbereitet, das heißt vor allem gebacken. Hauptsächlich backte man »Toarten« und »Wäck«, auch »Fladen« und »Koch« genannt. Die Torten bestanden aus Hefeteig, wurden mit Obstscheiben belegt, meist Birnen. Man nannte diese Art »Birrenfladden« oder »Topert«. Über den Belag zog man mit einer vierzinkigen Essgabel Quadrat- und Rautenmuster. Der »Wäck« war ein Hefeteig aus Weizenmehl, etwas gesüßt und mit Rosinen durchsetzt, den man gerne zu Rundzöpfen flocht. Seltener gab es Buttercremetorte, die nach dem 2. Weltkrieg groß in Mode kam. Das Obst für den Kuchen dörrte man übrigens in großen strohgeflochtenen Hohlgefäßen auf dem Speicher.

Köhler und Meiler

So lange man zurückdenken kann, war der Wald als wirtschaftliche Nutzfläche für die bäuerliche Bevölkerung der Eifel von größter Bedeutung.

Da das vorhandene Ackerland oftmals nicht ausreichte, musste auch der Waldboden als Acker- und Weidefläche genutzt werden. Zwei landwirtschaftliche Waldnutzungsformen wurden stellenweise noch bis in die Mitte des 20. Jahrhunderts betrieben: die Rottwirtschaft und die Schiffelwirtschaft. Bei der Rottwirtschaft wechselten Feld- und Waldnutzung periodisch. Während einer zwölfjährigen Brachzeit, die auf die zweijährige Bestellung mit Roggen und Buchweizen folgte, entstand aus dem Wurzelausschlag ein Niederwald. Dieser konnte für die Herstellung von Holzkohle und den Lohgewinn (Gerbsäure für die Lederherstellung) genutzt werden. Bei der Schiffelwirtschaft rodete man auch die Wurzelstöcke. Hier diente das Brachland als Schafweidefläche. Für die Viehwirtschaft war der Laubwald von großer Bedeutung: Die Früchte der Eichen und Buchen dienten der Schweinemast, Laub, Moose und Kräuter als Futter und Streumaterial für das Vieh.

In großen Mengen lieferte der Eifelwald Brenn- und Baumaterial. Vor allem Buchen-, Eichen-, Kiefern- und Lerchenholz war als Brennmaterial für das Herdfeuer geschätzt. Aber auch Fichten und Tannen, sogar Tannenzapfen, waren zum Feuern geeignet. Als Bauholz griff man fast ausschließlich auf Nadelholz zurück. Minderwertiges Gehölz wurde gehauen, in Klafter geschichtet und verkauft.

Während das Jagdrecht weitgehend den Landesherren und Grundbesitzern vorbehalten war, durfte die Bevölkerung einen Großteil ihres Bedarfs an Nahrungs- und Heilmitteln durch das Sammeln von Pilzen, Beeren, Kräutern, Bucheckern usw. decken.

Mit der Entwicklung der Eisenerzeugung in der Eifel während des 15. Jahrhunderts wurde der Wald als Brennstofflieferant erstmals für industrielle Zwecke genutzt. Reiche Bestände an Laubwald ermöglichten die Gewinnung großer Mengen Holzkohle, mit denen die Öfen gefeuert werden konnten. Mit dem konjunkturellen Aufschwung der Eisenindustrie brauchte es solche Mengen an Kohle, dass hieraus ein neues Gewerbe entstand: die Köhlerei.

Grundsätzlich konnte für die Holzkohlengewinnung jedes Laubholz herangezogen werden. Buchenholz war jedoch am meistens wegen seiner Heizintensität geschätzt. Für den Verkohlungsprozess war das Alter des Baumbestandes von großer Bedeutung. Erwachsenes Stammholz schätzte man weniger wegen seiner langen Brenndauer, junges Stangenholz dagegen sehr. Es handelte sich dabei um Unterholz oder Wurzelausschlag des Niederwaldes, dessen Baumbestände man in der Eifel bis heute Kohlhekken nennt.

Da Holzkohle relativ leicht ist, konnte sie über größere Strecken transportiert werden, was zur Folge hatte, dass man tief in die Wälder eindringen konnte. So wurde die bäuerliche Waldnutzung in siedlungsnahen Räumen durch die Köhlerei kaum behindert. Im Schleidener Tal oder im Kermeter bildete sich im weiten Umkreis der Erzvorkommen ein Kohlholzkahlschlag mit einem kaum vorstellbaren Ausmaß an Waldverwüstung.

Für die Herstellung eines Wagens Roheisen benötigte man fast fünf Wagen Holzkohle, die wiederum aus 36 Wagen Holz gewonnen wurden. Hierfür mussten ca. 15.000 m2 Buchenwaldbestand gerodet werden. So wurden für die Eisenhütte in Gemünd Tausende Wagen Holzkohle aus dem Kermeter Wald herangeschafft. Mehrfach musste die Eisenproduktion in den Hütten des Schleidener Tales geschlossen werden, da die Holzknappheit dazu Anlaß gab. Im 18. Jahrhundert war die Verhüttung in der gesamten Nordeifel gefährdet. Die Waldverwüstungen erreichten ihren Höhepunkt, als die Eisenindustrie durch den hohen Eisenbedarf der französischen Besatzungsarmee 1794 bis 1814 noch einmal einen Aufschwung erlebte. Die Einführung der Dampfkraft, das Vordringen der Steinkohle und die bessere Qualität anderer Erze (z.B. Lothringen) sorgten schließlich für den Niedergang der Eifeler Eisenhütten und damit der Köhlerei. Im Jahre 1896 folgte die Schließung der letzten Eifeler Eisenhütte in Jünkerath. Der letzte gewerbsmäßig betriebene Kohlenmeiler brannte 1969 in Schmidt bei Monschau. Im Museumswald Kommern wird alljährlich mit dem Abbrennen eines Meilers an die komplizierte Köhlerarbeit erinnert.

Die Arbeit des Köhlers war eine überaus schwere. Er lebte mit seinen Arbeitskollegen wohl die meiste Zeit in den Wäldern in kleinen Hütten, die aus Pfählen errichtet waren. Er hatte nur sporadisch Kontakt zu den Fuhrleuten, die die Holzkohle abtransportierten. Somit lebte er durch die räumliche Trennung in einer von Isolation geprägten Welt. Zudem waren Köhler oft bettelarm.

Seine Arbeit erstreckte sich über das ganze Jahr. Während der Wintermonate wurde das Kohlholz gefällt, zum Austrocknen gerissen und an den Meilerstellen gestapelt. Im Frühjahr wurde der Meilerboden von der aschenhaltigen Köhlererde des letzten Brennvorgangs gereinigt und geebnet. Das Material wurde aufgehäuft, da es zur Abdichtung später wieder gebraucht wurde. Nunmehr konnte das etwa ein Meter hohe Kohlholz am Rand des Meilers bereitgestellt werden. Aus drei Eisenstangen, die mit Hilfe von Eisenreifen auseinandergehalten wurden, wurde die sogenannte Fülle errichtet. Es handelt sich dabei um den Meilerschacht in der Mitte, der für die Belüftung notwendig war. Jetzt begann der Köhler mit dem möglichst dichten Aufstapeln der Kohlholzscheite. Auf die unterste Holzschicht, »1. Gesetz« genannt, setzte er eine zweite und eine dritte Schicht. Die Fugen zwischen den Scheiten mussten sodann mit dünnerem Astholz verschlossen werden, damit der Meiler keine »falsche Luft« bekam. Gleiches geschah mit dem flachen oberen Teil des Meilers, der ebenfalls mit Kleinholz und später mit Grassoden und einer 5 cm dicken Schicht aus Köhlererde abgedeckt wurde. Somit war der Meileraufbau abgeschlossen. Im Kermeter wurden bis zu 30 Meiler zugleich errichtet.

Am Fuß des Kolosses stieß der Köhler Zuglöcher in den Stapel, die der Fülle im Inneren die für den Brennvorgang erforderliche Luft zuführten. Vor dem Meiler wurde das Feuer entzündet, dessen Glut auf dem Meilerkopf in die Fülle geworfen wurde. Am zweiten Brenntag stieß man zusätzliche Rauchlöcher in den oberen Teil des Meilers, die je nach Windrichtung und -intensität verschlossen oder geöffnet wurden. So war eine gleichmäßige Be- und Entlüftung gewährleistet, zudem war sichergestellt, dass das Feuer erlosch oder zu stark brannte.

An der Farbe des Rauches konnte der erfahrene Köhler Auskunft erhalten über den Verkohlungsprozess im Inneren. Wurde der anfänglich weiße Rauch dünner und bläulich, war die Verschwelung abgeschlossen.

Während des etwa einwöchigen Brandes wurde die bereits entstandene Holzkohle aus dem Meiler entnommen und zu kleinen Haufen zusammengetragen. Dann löschte man die glühend heiße Kohle ab. Nach jeder Holzkohlenentnahme wurde der Meiler, der zusehends zerfiel, mit Köhlererde abgedichtet. Die grob sortierte Kohle füllte man in Säcke, sie wurde anschließend sofort zum Werk transportiert.

Landwirtschaft in der Eifel vor 200 Jahren (Originaltext)

Schon Schwerz erzählt, daß die Anwendung der Feigbohnen (Lupinen) zur Gründüngung in der Umgebung von Coblenz nichts Ungewöhnliches sey. Sehr interessant war es uns nun, durch Herrn Kaufmann zu erfahren, daß man auf diese Pflanze eine und zwar begründete Haupthoffnung baue, die Landwirthschaft und der Wohlstand der Eifel zu heben. Keine Pflanze – sagt jener[3] – hat eine größere und entschiedenere Wichtigkeit für die Eifel als die Lupine. Anerkannt einer der tüchtigsten Landwirthe der Eifel, Friedrich Peuchen zu Blumenthal, äußerte mir einmal, überrascht durch den schnellen Wuchs derselben auf ganz erschöpftem Lande: »Bewährt sich die Dungkraft der Lupinen, wie ihr Wachsthum, so sehen Sie die nackten Berge da oben nach zwölf Jahren mit Feldfrüchten bedeckt.« – Die Dungkraft hat jedoch seine und Anderer Erwartung übertroffen. Das von ihm gedüngte Grundstück zeichnete sich vor allen übrigen Feldern der Gegend aus, und erregte häufig die Aufmerksamkeit und Verwunderung der vorübergehenden Landwirte. Die Lupine ist seit der Wirksamkeit des Eifelvereins an mehr als 20 verschiedenen Stellen angebaut worden, und hat überall dieselbe Ueppigkeit des Wachsthums in einem erschöpften, fast sterilen Boden gezeigt. Alle die von den Römern bereits gerühmten vortrefflichen Eigenschaften derselben finden sich bei ihr wieder. Sie übt eine unglaubliche Herrschaft über die Unkräuter, so daß nach dem Ausdrucke des bereits angeführten trefflichen Landwirths das Land rein wie Gartenland nach ihrer Umpflügung ist. – Zu meinem Erstaunen sah ich selbst die bekannte Wucherblume, eine Geißel des Ackerbaues, ihrer Macht weichen und das damit bestellte Land fliehen.

3 S. dessen Schrift: »Das dringendste Bedürfniß der Rheinprovinz« usw.

Sogar während ihres Wachsthums bereichert sie als eine Hülsenfrucht den Boden, und liefert später eine treffliche Düngung, die jedem Boden, besonders aber einem heißen und sandigen, angemessen ist. Sie erfordert weniger Arbeit, als eine reine Brache, und ersetzt dieser außerdem, daß sie düngt, vollkommen. Wer mit den eigenthümlichen Verhältnissen der Eifel, die wegen des Mangels an Stallfütterung und der Schwierigkeit des Kleebaues fast überall Mangel an Dünger hat, bekannt ist, wird sogleich begreifen, daß sie für dieses Land von ganz unschätzbarem Werthe ist. Dazu kommt aber noch ein anderer Vortheil. Viele auf den hohen Bergen liegende Grundstücke vermögen darum nicht bestellt zu werden, weil die Zufuhr des Düngers bei dem Mangel an Wegen nicht möglich, oft sehr beschwerlich und kostspielig ist. Diese können ohne die Anwendung der grünen Düngung nur unvollkommen benutzt werden. Das sogenannte Schiffeln, anderswo Hainen genannt, welches allenthalben einer bessern Agricultur feindlich in den Weg tritt, wird dadurch ganz überflüssig. Das Schiffeln ist fast allen Gebirgsländern eigen und bringt auch fast überall dieselben Nachtheile hervor. Der Boden wird mittelst der Hacke seiner Grasdecke beraubt, die gevierten Stücke der Graswurzeldecke werden so umgekrümmt, daß sie austrocknen, und aus denselben werden kleine Meiler gebildet, deren Inneres mit dem auf dem Felde und der nächsten Umgebung gesammelten Holze ausgefüllt wird. Man zündet die Meiler an, und das Feuer glimmt allmählich in ihnen, so daß man noch nach mehren Wochen Feuer in ihrer Asche findet; später werden die Meiler umgerissen und Asche und Grund werden über das Grundstück hingebreitet. Dasselbe wird mit Roggen bestellt, und liefert auch später noch eine, zwei oder drei Ernten, je nach der Güte des Bodens, an Haber oder Buchweizen. Dann ist es erschöpft, und es muß nun acht, zwölf, oft sogar fünfzehn

Jahre ruhen, ohne etwas anderes hervorbringen[4] zu können, als in den letzten Jahren einen dürftigen Graswuchs. Dieser Gebrauch der Grundstücke hat entschiedene Nachtheile; denn es wird dabei nur ein Viertel, selbst ein Fünftel des Landes bestellt und benützt, drei Viertel, selbst vier Fünftel bleiben aller Production fremd und ohne Kultur, woraus also ein großer Verlust an Gütern für das Volk entsteht. Dann ist aber der Gewinn, welcher aus dem Umstande erwächst, daß man der Düngung dabei überhoben ist, fast nur scheinbar, weil der Aufwand an Arbeit bei dieser Beurbarung ungemein bedeutend, während die Fruchtbarkeit im ersten Jahre beträchtlich ist, sich im zweiten bereits bedeutend vermindert, mit dem dritten aber bereits in dem Maße schwindet, daß die Kulturkosten nur dürftig vergolten werden. Geläugnet kann aber nicht werden, daß das auf dem Schiffellande geerntete Getreide alles andere Getreide an Güte übertrifft. Ein bedeutender Nachtheil dieser Beurbarung besteht darin, daß ein großer Theil der nahrhaftesten Stoffe verflüchtigt wird. Ein weit größerer Schaden wird aber dadurch veranlaßt, daß Gräser und Klee auf geschiffeltem Lande nicht gedeihen, wenn der Boden selbst von bedeutender Güte ist.

Quelle: A. von LENGERKE, 1839 (Originaltext)

4 s. S. 158

Lünebach: Gemeinderatsbeschlüsse anno dazumal

Die Einwohnerschaft wird durch Ausschellen aufgefordert, ihren Frondienst in der Zeit vom 22. bis 29.11. abzuleisten. Das Frongeld wird auf 1 DM pro Stunde festgesetzt. Der Weg nach D. soll instandgesetzt werden. (1953)

Infolge der erhöhten Erstehungskosten der Stiere und des Futters wird der Deckpreis von 10 auf 12 DM erhöht. (1954)

Der Kauf einer gemeindeeigenen Dreschmaschine wurde beschlossen. Der Dreschtarif wird auf 15 Pf./min. festgelegt. Der Dreschwart erhält 1 DM/Stunde. (1954)

Der Schützenverein erhält für die Durchführung der Kappensitzung als einmalige Zuwendung den Betrag von 11 mal 11 DM zur Anschaffung haltbarer Elferrats-Mützen.

(1961)

Meister mit Ruten: Der Korbmacher

»Wenn er die schlanken Riegen
der Weidenruten flicht,
muss er die Gerte biegen,
doch brechen darf sie nicht.

Im Wandel aller Dinge
spürt er den Schicksalshauch,
als ob der Wind noch ginge
durch das Gezweig am Strauch.

Dicht in gewundner Fessel
verbindet er die Reih'n,
dies soll ein Korb, ein Sessel,
ein Kinderwagen sein.«

(Kurt Erich Meurer)

Die Weide ist ein Baum der wasserreichen Eifel. Sie gilt als äußerst volksbeliebt, nicht nur wegen ihres Nutzens. Vielmehr vereinen sich Gedanken der Schwermut, wenn sie im neblig-grauen Talgrund hervorragt, und der von Lieblichkeit, denkt man an die holden Weidenkätzchen, die als Zier den Osterstrauß bereichern. So gilt die Weide als Inbegriff des neuen und zugleich vergänglichen Lebens bei uns und unseren Vorfahren.

Gezielten Weidenanbau hat es in der Eifel nicht gegeben, wohl aber schonenden Umgang mit diesem wichtigen Naturprodukt. »Hanfweide«, »Mandelweide« oder »Steinweide« war als Material für Körbe aller Art äußerst geschätzt. Das schnellwüchsige Holz war dagegen als Brenn- oder Möbelholz ungeeignet. Die schlanken und geschmeidigen Ruten, in der Regel bis zu drei Meter lang, wuchsen bis zu 30 Stück gleich aus dem Stock oder aus anderen knorrigen Stellen hervor.

Nach der Ernte wurden diese Gerten sorgsam gebündelt und kopfüber in feuchtes Erdreich oder in einen Wassergraben gestellt. Hier »zogen« sie Saft, um anschließend mit einem Schälmesser angerissen und zum Trocknen aufgehängt zu werden. Mit dem »Klöber« wurden die Ruten gespalten und danach mit dem »Schmaler« in gleiche Breite zugeschnitten. Aus starken Stecken fertigte der Korbflechter das Bodenkreuz, auf dessen Umrandung die »Loden« zu stehen kamen, die sich oben im Kopfrand vereinten. Nun war es nur eine Sache der geübten Hände, die Seitenteile zu flechten und je nach Größe und Form einen sicheren Abschluss zu gestalten.

Kleine, ovale, halbkugelige Körbe dienten zur Aufnahme von Gemüse, größere, nach oben sich weitende Formen mit »Ohren« als Kartoffel- und Kohlkörbe (in der Westeifel »Mandel« genannt), eckige und mit Gurt versehene Tragekörbe zum Transport von Obst und Weintrauben. Diese Trag- und Rückenkörbe, »Hott« genannt, benutzte man beim Marktgang selbst für Geflügel und Kram aller Art.

Käsekörbe gebrauchte die Hausfrau, um den Quark abtropfen, trocknen und reifen zu lassen.

Bienenkörbe (»Beienkierev«) flocht man zumeist aus Stroh, das durch Bänder aus Haselnuss gehalten wurde, Brotteigkörbe (»Kurbeln«) aus Schilfrohr oder zarten Weiden. Halbmuschelförmige Körbe mit zwei Henkeln wurden in der Südeifel »Siede« genannt und dienten der Aufnahme von Feldfrüchten wie Linsen, Erbsen oder Bohnen. Seltener waren dagegen »Räste«, kleine Körbchen aus »Luhschall«, der Rinde junger Eichen, die man für Eier u.ä. im Haushalt verwendete.

Leichte Flechtwaren wurden auch aus Bast, Bambus, Binsen und gespaltenem Holz gewirkt. Doch die Korbweide war der günstigste, weil biegsamste Rohstoff für sämtliche Behältnisse.

Selbst Kinder- und Puppenwagen fertigte der Korbflechter. Sessel für die bäuerliche Kundschaft verlangten nach besonders dickem grobrutigem Geflecht aus ungeschälten grünen, grauen oder braunen Weidenruten. Liegestuhl, Sonnenschirm und Zylinderhut bot der Korbflechter auf seinen Touren und Märkten feil. Diese Sommerreisen waren für den Korbflechter zumeist die schönsten Tage, wenn er mit Pferd und Kutsche durch das Eifelland reiste und neben seiner Ware auch viele neue Geschichten mitbrachte. Während des Abends in der Gastwirtschaft erzählt wurde, hielt der Hund Wache bei den Körben.

Neben den »Ohren« brachte der Korbflechter auch Tragbügel und Einhandgriffe an. Für Bäcker und Metzger legte man die Körbe mit weißem Linnen aus, damit es hell und sauber wirkte. Gleiches galt für die Wäschekörbe. Neben guter Form und Festigkeit war hier auch das Aussehen bestimmend für den Kauf.

In Korbflechterschulen wie in Heinsberg, Aachen, Bettingen und Daun entwickelte sich die Korbflechterei zu einer hohen Kunst, so dass sich diese um die Jahrhundertwende von einem Nebenberuf zu einem Spezialgewerbe entwickelte.

»Körbe gibt es sehr viel in der Welt,
sie werden gegeben, wenn's auch nicht gefällt.
Schwerer jedoch, als die, die Körbe geben,
hat's der Korbmacher in seinem Leben.
Denn er muss seine Körbe flechten
und mit ihnen durch die Welt sich fechten.«

Mönche mit Erfindergeist

Im Prümer Benediktinerkloster wurde schon sehr früh Bier gebraut. Man nimmt an, dass die Mönche hier schon im neunten Jahrhundert Bier hergestellt haben.

Die älteste Darstellung eines Bierbrauers in Deutschland zeigt dann logischerweise auch einen Mönch als Bierbrauer.

Sie stammt aus dem Mendel'schen Bruderhausbuch, das 1379 in Nürnberg entstand. Der sechszackige Stern, der seit alters her als Sinnbild der Durchdringung der sichtbaren und unsichtbaren Welt galt, ist das erste und älteste Zunftzeichen der Brauer. Während der fünfzackige Drudenfuß vor irgendwelchen imaginären Kräften schützen sollte, zeigt der sechszackige Stern wahrscheinlich eine Verbindung zu den Elementen, mit denen die Bierherstellung (Erde: Gerste, Wasser: Brauwasser, Feuer: Darre/Sudhaus, Luft: Kohlensäure) im Zusammenhang steht. Auf vielen alten Wirtshausschildern ist dieser Stern noch zu finden.

»Was flüssig isst, bricht kein Fasten«! Über den Bierverbrauch in den Klöstern liegen recht erstaunliche Angaben vor. Immerhin berichten die Chronisten, dass das Permit für den Bierverzehr jedes Klosterinsassen bei fünf Maß am Tag gelegen habe. Einer Verordnung des Dekans Ekkehart I. zufolge standen jedem Klosterbewohner in St. Gallen täglich »sieben Essen mit reichlich Brot und fünf Zumessungen Bier« zu.

Diverse Gemälde, auf denen Mönche beim Bier zu sehen sind, deuten darauf hin, dass sie diesem Getränk sehr zugeneigt waren.

In der Eifel war es seit Menschengedenken Sitte, Liköre aus Früchten und Kräutern selbst herzustellen. Diese Liköre sind aromatische bekömmliche Spirituosen, die vor allem eine magenstärkende und verdauungsfördernde Wirkung haben. In der Regel werden nur Spirituosen als Likör bezeichnet, welche mindestens 100 g Zucker pro Liter enthalten. Liköre mit weniger Zuckergehalt sind meist ungesüßt und werden als Bitterliköre bezeichnet.

Nachdem im letzten Drittel des vorigen Jahrhunderts die Zubereitung von Arzneiwaren durch gesetzliche Beschränkungen immer mehr zurückging und schließlich eingestellt werden musste, suchten die Laboranten nach neuen Erwerbsmöglichkeiten. Nichts lag näher, als mit den jahrhundertealten Erfahrungen aus der Kräuterlehre sich der Zubereitung von Trinkbranntweinen zuzuwenden.

Aus den in freier Natur gesammelten oder feldmäßig angebauten Kräutern bereitete man Aufgüsse und Destillate, die als Grundlage vor allem für Liköre dienten. Durch die Verwendung von Heilkräutern waren viele Liköre halb Arznei-, halb Genussmittel. Die auf oft geheim gehaltenen Rezepturen basierenden Erzeugnisse gewannen an Ruf. Bekannt wurden die Liköre durch Mundpropaganda und Proben, von deren Wirkung auf einem alten Prospekt zu lesen war: »Hilft gegen Podagra, Windsucht und Schwachheit der Constitution. Belebt Bannigkeit, Engbrüstigkeit und schwache Spannadern. Kühlt die Leber und verteilt die Ohnmacht. Benimmt Melancholey, heilt Kreuzbeschwerden, Ängstlichkeit sowie Verstauchungen.«

Wie aus alten Rezeptbüchern ersichtlich ist, kam es bei diesen und allen anderen Erzeugnissen nicht nur auf die Zutaten an. Ebenso wichtig war das Mischverhältnis. So konnte durch das Vermindern des einen und verstärkte Einsetzen des anderen ein völlig anderer Geschmack entstehen. Manche dieser Mischungsverhältnisse galten als Familiengeheimnis und wurden vererbt.

Eine weit über die Region hinaus bedeutende Klosteranlage stand im Eifelstädtchen Prüm. In ihrer Blütezeit waren in der Benediktinerabtei bis zu 300 Mönche tätig, die neben ihren vielfältigen Tätigkeiten auch den weltlichen Genüssen nicht abgeneigt waren.

Die Mönche haben in ihrer Klosterbrauerei das Bier und Brauen weiterentwickelt. Viele der ältesten heute noch existierenden Brauereien in Deutschland sind Klosterbrauereien, die im frühen Mittelalter gegründet wurden. Neben dem Starkbier für die Fastenzeit im Kloster hatte Bier auch als Heilmittel große Bedeutung. Hildegard von Bingen und Paracelsus empfahlen Bier zur Wiederherstellung und Kräftigung der Gesundheit.

Ab dem frühen Mittelalter wurde das Handwerk des Bierbrauens besonders in den Klöstern gepflegt und weiterentwickelt. Das erste nachgewiesene Kloster, in dem Bier gebraut wurde, war nach einer Chronik aus dem Jahr 820 n. Chr. das der Benediktiner in Sankt Gallen in der Schweiz. Besonders die Herstellung eines nahrhaften Biers war für die Fastenzeit wichtig. Dann war ein starkes Bier der willkommene Ausgleich, denn es galt der Spruch »liquida non frangung ieunum«, auf deutsch »Was flüssig ist, bricht kein Fasten«.

Benedikt von Nursia bestimmte in seinen Regeln für den nach ihm benannten Orden der Benediktiner »Ora et labora«. Beten und arbeiten sollten die Mönche im Kloster. Zur Arbeit zählte auch das Ausüben von Handwerk im Kloster und dabei spezialisierten sich in jedem Kloster einige der Mönche auf das Bierbrauen. Diese Braumönche konnten durch ihre Fähigkeiten des Lesens und Schreibens die Herstellung von Bier stetig weiterentwickeln und perfektionieren. In den Klosterbrauereien legten sie die Grundsteine für das Brauwesen wie man es heute kennt. Eine der wichtigsten Veränderungen in der Klosterbrauerei war der Einsatz von Hopfen als Würze beim Bier. Dadurch wurde das Bier länger haltbar und erhielt sein bis heute leicht bitteres Aroma. Zusätzlich wurden die bisherigen Würzkräuter, wie Efeu, Rosmarin, Eicheln verdrängt, denn diese hatten häufig unbekannte schädliche Auswirkungen auf die Gesundheit der Biertrinker.

Die Klöster waren neben der Brauerei auch Zentren der Heilkunst. Am bekanntesten ist die Nonne Hildegard von Bingen, die von 1098 bis 1179 lebte und heilig gesprochen wurde. In ihrem bekanntesten Buch »causa et cura«, (»Ursache und Heilung«), empfiehlt sie häufig einfach Bier zur Heilung zu trinken. Besonders empfahl sie Bier Patienten, die unter Schwermut litten und bei denen Bier den Mut heben, die Regeneration fördern und den Leib kräftigen sollte. Einige Jahrhunderte nach Hildegard von Bingen widmete sich der Arzt Philippus von Hohenheim (1493–1541), bekannt als Paracelsus, der Heilkraft von Bier mit den Worten »Bier ist eine göttliche Medizin gegen die Krankheit.« Für ihn als Wegbereiter der medizinischen Aufklärung in Deutschland war Bier ein Heilmittel, das gegen Leiden wie Herzbeschwerden, Halsweh, Ohrenschmerzen, Magenleiden und Gicht half.

Das Bier der Mönche war deshalb so beliebt, weil es alles andere an Gerstensaft übertraf, was man im Umkreis erhalten konnte, und das aus verschiedenen Gründen. Einerseits achtete man sehr auf die Qualität des Braugetreides. Zudem hatten einige Brüder die Gelegenheit, sich ausschließlich tagein und tagaus mit der Braukunst und deren Problemen zu beschäftigen. Und wenn man dann noch den wissenschaftlichen Aspekt hinzunimmt – Klöster waren stets Zentren der Bildung und Forschung – erkennt man schnell, worin die Vorteile der Klosterbrauer lagen. Im Jahre 1040 wurde dem bayrischen Kloster Weihenstephan vom Freisinger Bischof das Brau- und Schankrecht verliehen. Zumindest, wenn es nach den Weihenstephanern geht, obwohl diese bis heute diese Verleihung nicht urkundlich bestätigen können (belegt ist lediglich das Brau- und Schankrecht aus dem Jahre 1146). Deshalb ist Weihenstephan, entgegen der häufig gehörten Behauptung, wohl nicht die älteste Brauerei der Welt, aber eine der ältesten, die noch bis heute existieren. Doch bleiben wir kurz in den Klostermauern. Nicht nur Mönche beschäftigten sich mit Bier, auch eine berühmte Nonne – Hildegard von Bingen (1098–1179) schrieb mehrfach in Ihrem Werk: »Cervisiam bibat – man trinke Bier«. Sie empfahl Bier vor allem schwermütigen Menschen, weil Bier den Mut hebt und die Regeneration der Seelenkräfte fördert. Im Hochmittelalter finden wir fast 500 Klosterbrauereien vor. Jede für sich ist ein florierendes kleines Wirtschaftsunternehmen. Mitentscheidend für den Erfolg der Klosterbrauereien war auch die Tatsache, dass sie über kostenlose Arbeiter und Rohstoffe verfügten und in der Regel ausgenommen waren von durch Fürsten verhängte Brauverbote, die in Kraft traten, wenn Hungersnöte drohten.

Moritaten

Der Butterräuber

1. Durch des Hunwalds düstre Gründe auf naturverschlungnem Pfad wandelt eine alte Butterfrau zum Markt nach Halberstadt.
2. Hu, da plötzlich stürmt des Wuldes kühner Sohn aus dem Geheg, scharf bewehrt bis an die Zähne, und vertritt ihr flugs den Weg.
3. »Sind Sie«, sagt die Frau erblassend, einer dunklen Ahnung voll, »nicht vielleicht der Räuber Heising, der allhier grassieren soll?«
4. »Ja, ich bin´s, du Unglücksel´ge, ja, ich bin´s, der sich dir zeigt, und du bist diejen´ge, welche nimmer meinem Grimm entweicht.
5. Denn mit hochwillkomm´nem Futter nahst du mir zu guter Stund!« Sprach und schnitt von ihrer Butter schweigend sich ein ganzes Pfund.
6. Und wie Schuppen von den Augen fällt´s der Butterfrau sogleich: »Sie sind Heising!«, ruft sie schweigend. »Bin es!« spricht der Räuber bleich.
7. »Bin´s und sage dir noch dieses: meinem Mordstahl fallest du, bringst du mir nicht auf dem Rückweg Brot und Schlackwurst noch dazu.«

Ritter Hadubrand

1. Herr Hadubrand lebt ohne Sorg, er lebt auf seiner Ritterborg. Er war ein schrecklicher Barbur und konnte saufen wie einer nur. Ein Barbur, ein Barbur, und die Geschichte ist ganz wuhr!
2. Er liebt einst ein Mägdulein und ging mit ihr Verlobung ein. Der Ritter war ein finstrer Mann, den niemand richtig leiden kann. Mägdulein, sei nicht dump, laß ihn laufen, diesen Lump!
3. Der Ritter hatt´ in einer Nacht ihr ganz Vermögen umgebracht; doch dann verließ er sie sofort, obwohl er Treue ihr geschwort. Er ging fort, er ging fort, obwohl er Treue ihr geschwort.
4. Das arme Mägdlein weint gar sehr, so sehr weint heut´ kein Mägdlein mehr. Sie stieg herab vom Ritterschloß, da floß vorbei ein tiefer Floß. In den Floß, in den Floß sich das arme Mägdlein schmoß.
5. Herr Hadubrand in seinr Kammer, der schlief gerad den süßen Schlammer, doch als die Glocke schlug zwölf Uhr, da trat ein Schreckgespenst hervur. Ein Gespenst, riesengroß, ´s war das Fräulein aus dem Schloß.
6. Der Ritter zittert und es grinst ihn an das schreckliche Gespinst. Schnell zog er über Kopf und Wanst die Bettdeck´ vor dem Schreckgespanst. Das Gespanst, das Gespunst tritt an´ Bett heran und grunzt.
7. Das Mägdlein kam nun jede Nacht, hat an dem Ritter sich geracht. Jedoch es half ihm keine Kunst, stets kam und heulte das Gespunst: »Hadubrand, Hadubrand! Pfui, pfui Teufel!« und verschwand.
8. Doch Geisterspuk, o welch ein Gaus, hält selbst ein Rittersmann nicht aus. Und eines Tags in aller Fruh, fand man ihn tot im Kanapu! Und so ward, kaum vollbracht, furchtbarlich die Tat geracht.

Sabinchen

1. Sabinchen war ein Frauenzimmer, gar hold und tugendhaft. Sie diente treu und redlich immer bei ihrer Dienstherrschaft.
2. Da kam aus Treuenbrietzen ein junger Mann daher, der wollte gern Sabinchen besitzen und war ein Schuhmacher.
3. Sein Geld hat er versoffen in Schnaps und auch in Bier. Da kam er zu Sabinchen geloffen und wollte welch´s von ihr.
4. Sie konnt´ ihm keines geben, da stahl er auf der Stell´ von ihrer guten Dienstherrschaft sechs silberne Blechlöffel.
5. Jedoch nach achtzehn Wochen, da kam der Diebstahl ´raus. Da jagte man mit Schimpf und Schande Sabinchen aus dem Haus.
6. Sie rief: »Verfluchter Schuster, du rabenschwarzer Hund!« Da nahm er sein Rasiermesser und schnitt ihr ab den Schlund.
7. Das Blut zum Himmel spritzte, Sabnichen fiel gleich um. Der böse Schuster aus Treuenbrietzen, der stand um ihr herum.
8. In einem dunklen Kellerloch, bei Wasser und bei Brot, da hat er endlich eingestanden die grausige Moritot.

Schön ist ein Zylinderhut

1. Schön ist ein Zylinderhut, juppheidi, juppheida, wenn man ihn besitzen tut, juppheidiheida. Doch von ganz besond´rer Güte sind stets zwei Zylinderhüte. Ref: Juppheidi, juppheida, Schnaps ist gut, fidirallala, Juppheidi, juppheida, juppheidiheida.

2. Hat man der Zylinder drei, juppheidi ... hat man einen mehr als zwei, juppheidiheida ... Vier Zylinder, das sind grad zwei Zylinder zum Quadrat.
3. Fünf Zylinder sind genau für drei Kinder Mann und Frau Sechs Zylinder, das ist toll, machen das halbe Dutzend voll.
4. Sieben Zylinder sind genug, für nen kleinen Leichenzug. Hat man der Zylinder acht, wird der Pastor auch bedacht.
5. Hat man der Zylinder neun, kriegt der Küster auch noch ein´. Zehn Zylinder sind bequem für das Dezimalsystem.
6. Elf Zylinder, o wie fein, sind zwölf Zylinder minus ein. Zwölf Zylinder, o wie schön, würden grad nem Dutzend stehn.

Die Schlange, die sich selbst auffraß

1. Am Kongofluß in Afrika, da lebte eine Schlange. Fraß Känguruh und Paprika und war auch sonst nicht bange. Amalia ward sie genannt, sie war bekannt im ganzen Land. Am Kongofluß in Afrika, da lebte eine Schlange.
2. Nun kam es, daß in Afrika es anhub stark zu frieren, und Känguruh wie Paprika nicht konnten existieren. Amalia, einst dick und fett, glich nun dem eigenen Skelett. Nun kam es ...
3. Doch eh sie starb den Hungertod, aufblitzt ihr ein Gedanke: »Ich habe ja«, sprach sie, »zur Not den Schwanz im Vorratsschranke.« Und kaum gedacht, war´s schon getan, sie fing am Schwanz zu knabbern an. Doch eh ...
4. Als sie den Schwanz nun hat verspeist, der Appetit erwachte, fraß weiter an dem Schlangenleib, das End sie nicht bedachte. Denn ehe sie sich´s recht versah, war von Amalien nichts mehr da. Am Kongofluß, in Afrika, da lebte eine Schlange ...

Der Storch und die Blindschleiche

1. Ein Storch spazierte einst am Teiche, da fand er eine blinde Schleiche. Er sprach: »Das ist ja wunderbar!« und fraß sie auf mit Haut und Haar.
2. Die Schleiche lag ihm sehr im Magen, das konnten beide nicht vertragen. Da sprach die blinde Schleich: »O Graus!« und ging zur Hintertür hinaus.
3. Der Storch sah solches mit Verdruß. Daß sowas ihm passieren muß! Drum fraß er ohne lange Wahl den Schleichenwurm zum zweitenmal.
4. Drauf stemmt er lächelnd mit Verstand die Hintertüre an die Wand und sprach nach innen zu der Schleich: »Na bitte, wenn du kannst, entweich!«
5. Da tät mit List die schlaue Schleichen zur Vordertür hinaus entweichen; doch fraß der Storch ohn lange Wahl voll Wut sie nun zum drittenmmal.
6. Und bracht in sinniger Erfindung die beiden Türen in Verbindung. Und sprach zum Schleichenwurm hinein: »Nun richt dich auf ne Rundreis ein!«

Der Hase als Segelflieger

1. Ein Hase saß im tiefen Tal, singing holly polly doodle all the day, übt Segelflug wie Lilienthal, singing holly polly doodle all the day. Ref: Fare well, fare well, fare well my fairy fay. I am off to Louisiana for to see my Susy Anna singing holly polly doodle all the day.
2. Der Apparat steigt in die Luft, singing holly polly doodle … Der Motor rattert, knattert, pufft, singing …
3. Bei tausend Metern angelangt, der Kasten plötzlich schaurig schwankt.
4. Der Hase denkt, das geht famos, nimmt seinen Fallschirm und springt los.

5. Und fünfzig Meter überm Boden, sieht er ein Schild: »Fliegen verboten!«
6. Den armen Hasen sperrt man ein bei trocken Brot und Gänsewein.

(Alte Rechtschreibung)

Königin Mosel

Dem Schoß des Wasgenwalds entsprossen,
dein Wiegenlied sang Hochlandswind,
kommst du von lichtem Glanz umflossen,
der Stromgeschwister Sonntagskind.
Wie gleitest du auf sanftem Grund
erhaben anmutsvoll dahin!
Wie lächelt Auge dir und Mund,
o Mosel, schöne Königin!

Die Krone burgbesternt umkränzen
die Wälder dir mit Maienflor,
hochauf steigt dir in blaue Grenzen
als Schild der Rebengärten Chor.
Und schmucke Dorf- und Städtchenzier
durchs Grün der Obstbaumwiesen hin
schlingt eine Perlenkette dir
o Mosel, schöne Königin!

Wo dir Römer Prunkpaläste,
Altar und Brücke einst gebaut,
der Franken fromme Erdengäste
in Klosterzellen Gott geschaut,
da müh'n sich rastlos Tag um Tag
der Winzer und die Winzerin
und winden Weinlaub dir zum Hag,
o Mosel, schöne Königin!

Aus deinen übervollen Händen
Ergießen duft- und würzeschwer
sich bernsteingoldenen Weines Spenden
von grünen Sonnenhügeln her.
O edler Trank! O Rebenblut!
O Lust und Labe meinem Sinn!
Das beste Glas als Lehnstribut
dir, Mosel, schöne Königin!

Mosellied

Im weiten deutschen Lande
zieht mancher Strom dahin
von allen, die ich kannte
liegt einer mir im Sinn
O Moselstrand, o selig Land!
Ihr grünen Berge, o Fluss und Tal
ich grüß´ euch von Herzen
viel tausendmal

Es kommt so stolz gezogender Strom im Sonnenschein
und schlinget seine Wogen
durch heller Hügel Reih´n
O Sonnenglanz, o Wellentanz
ihr grünen Berge, o Fluß und Tal
ich grüß´ euch von Herzen
viel tausendmal

Und an des Stromes Bette
all überall im Tal
da stehen Dörfer, Städte
und Burgen ohne Zahl.
O Stadt und Land, o Stromesrand!
Ihr grünen Berge, o Fluss und Tal
ich grüß´ euch von Herzen
viel tausendmal

Da blühen holdsel´ge Frauen
und manches Mägdlein zart
und Mänenr magst du schauen
und Knaben guter Art
O Männermut, o Liebesglut
Ihr grünen Berge, o Fluss und Tal
ich grüß´ euch von Herzen
viel tausendmal

Auf sonn´ger Bergeseite
da steh'n die Reben schlank
in tiefer Keller Weite
da liegt manch kühler Trank
O lichter Schein, o kühler Wein
Ihr grünen Berge, o Fluss und Tal
ich grüß´ euch von Herzen
viel tausendmal

Und volle Krüg und Flaschen
die sind an jedem Ort
und wem sind leer die Taschen
der gibt ein gutes Wort
O froher Sang, o Gläser Klang
Ihr grünen Berge, o Fluss und Tal
ich grüß´ euch von Herzen
viel tausendmal

Wer fröhlich führt zum Munde
das Glas mit kühlem Wein
dem duften auf dem Grunde
viel tausend Blümelein
Ihr grünen Berge, o Fluss und Tal
ich grüß´ euch von Herzen
viel tausendmal

So seg´n euch Gott ihr Höhen
er segne Leut´ und Land
die Reben, die da stehen
auf grüner Bergeswand
O Moselstrand, o selig Land!
Ihr grünen Berge, o Fluss und Tal
ich grüß´ euch von Herzen
viel tausendmal

Text: Theodor Reck – 1846
Musik: Georg Schmitt – 1846
in »Schulgesangbuch für höhere Lehranstalten« – 1912

Das »Casino« in Traben-Trarbach suchte 1846 mittels einer öffentliche Ausschreibung ein »Mosellied«, als Preis wurde ein Fuder Wein gestiftet. Von 171 Einsendungen wurde das Lied »Des Deutschen Rheines Braut« von Julius Otto jun. aus Dresden gewählt, die Melodie stammte von seinem Vater. 1350 Flaschen gingen nach Sachsen. Das Lied wurde aber nicht wirklich populär. Nach einem Jahr trat die Jury noch einmal zusammen und schaute nach dem 2. Preisträger: Das Lied »Im weiten deutschen Lande« wurde vom Männergesangverein »Liederkranz« in Trier einstudiert und verbreitete sich schnell an der Mosel.

Hört ihr Herrn und lasst euch sagen …

Der Nachtwächter! Welche Bilder und Klischees haften an diesem Beruf! Das stille, fast ausgestorbene Eifeldorf, das kleine Städtchen, die lauschigen Winkel und Gässchen, in die der Mond hineinlugt, ein einsamer Nachtschwärmer mit seinem Lichtchen und der dumpfe Ruf eines Kauzes, der um das Kirchengemäuer flattert …

Dann, von Stunde zu Stunde die getragene Weise, die der Hüter der nächtlichen Ordnung seinem Horn entlockte. Bis um die Mitte des 19. Jahrhunderts tat der Nachtwächter seinen Dienst, bewaffnet mit Spieß und Horn, rückständig in technischen Dingen und versessen Ausschau haltend, ob denn nicht jemand auffiel wegen Trunkenheit, Anstiftung oder Diebstahl. Naturverbunden, ursprünglich, unendlich vertrauenserweckend und liebensvoll – solche Attribute verbanden die Menschen in Stadt und Land mit dem Ordnungshüter. Was tagtäglich in Feld und Flur der Feldhüter, das war in den Städtchen Wittlich, Trier, Monschau, Daun, Prüm, Münstereifel oder Mayen der Nachtwächter. Burg- und Marktorte hatten im besonderen »ihren« Wächter.

Unseren Urahnen muss es wie Musik in den Ohren geklungen haben, und es war ja, je nach Stimmbegabung, auch Musik, wenn der Mann mit dem Horn, der petroleumgespeisten Laterne und dem drei Meter langen Spieß mit Widerhaken, im dicken Mantel und mit Uniformhut das folgende Lied erklingen ließ:

Beispielhaft für die Ernennung und den Dienst eines Nachtwächters sei hier Prüm kurz aufgeführt.

Am 1. Januar 1912 wurde H.B. zum Nachtwächter und Feldhüter der Stadt Prüm ernannt. Die Ernennung erfolgte:

- nach Anhörung der Stadtverordnetenversammlung
- nach Vollendung einer sechsmonatigen Probezeit
- mit Genehmigung des Regierungspräsidenten in Trier
- nach Maßgabe des Ortsstatutes über die Rechtsverhältnisse der Beamten der Stadt Prüm.

H.B. war vorher als Schutzmann in Aachen und Frankfurt tätig, mit einer Prümerin verheiratet und hier wohnhaft. Der Dienstantritt erfolgte täglich abends um 22 Uhr und endete um 6 Uhr morgens. Seine Kontrolluhren waren innerhalb des Stadtgebietes an verschiedenen Stellen angebracht, zweimal pro Nacht musste er hier durch »Stechen« der Uhr seine Tätigkeit belegen. Die Scheiben der Uhren wurden am nächsten Tag von einem städtischen Beamten gewechselt. Beanstandungen wurden dem Bürgermeister angezeigt, so etwa, als in einer Nacht Fensterläden ausgehangen und vor andere Häuser gestellt worden waren. Auch mit nächtlichen Ruhestörern und betrunkenen Nachtschwärmern legte er sich öfters an, so dass er gezwungen war, den Gummiknüppel einzusetzen. Auch ist die Rede, dass man ihn zu ärgern versuchte, indem man in verschiedenen Gruppen ausschwärmte, singend und brüllend, ihn irreführte oder verlud.

H.B. trug im Dienst eine Uniform, eine Mauserpistole und einen Gummiknüppel.

Anfang Dezember 1934 leistete er Verzicht auf seine Stelle und war fortan nebenamtlich als Amtbote tätig. Hier hatte er u.a. öffentliche Mitteilungen auszuführen.

»Bekanntmachung!«

Der »Bellmann«, wie er in dem Eifeler Marktflecken Hillesheim genannt wurde, ging im Ort mit der Schelle um, um »Bekanntmachungen« mitzuteilen. Er musste also die neuesten Nachrichten der Gemeindeverwaltung unter das Volk bringen. Eine kräftige Stimme, einen guten Schuss Mut und die Gabe der Gestik beherrschte er so gut, dass er vor aufgerissenen Türen und Fenstern auch richtig bei der Bevölkerung »ankam«. Meist zog der Bellmann an einem bestimmten Wochentag durch das Dorf, im anderen Fall verlas er seine Mitteilungen auch nach dem Hochamt vor der Kirche oder – in besonders eiligen Fällen – auch zu unbestimmten Zeiten.

Bei schwierigerem Amtsdeutsch war es ihm überlassen, den Inhalt der Mitteilung noch einmal verständlich zu interpretieren oder sich gar in eine Diskussion zu begeben. Auch über diese »Arbeit« hinaus war er unmittelbar mit den Bürgern in Kontakt. Oftmals versah er andere Gemeindearbeiten, war als Hilfspolizist oder »Gemeindediener« tätig.

Nebenerwerbstätigkeiten in der Eifel früher

Die spärlichen Einnahmen der Eifelbauern veranlassten bis in unser Jahrhundert viele Bewohner, nach Nebenbeschäftigungen Ausschau zu halten. Dabei waren die Rohstoffe, die die Wälder den Menschen boten, vielfach die Grundlage für ihre handwerklichen Arbeiten.
Die Stuhlschreinerei hatte seit jeher eine große Bedeutung. Zunächst kannte man nur den dreibeinigen Stuhl (bis vor Jahren noch als Melkstuhl im Gebrauch), erst um die Jahrhundertwende kam der vierbeinige in Mode. Als Flechtwerk dienten Stroh, Schilf und Binsen. Einen weithin besonderen Ruf erhielten die Heimbacher Stühlchen, die aus dem im Kermeterwald anfallenden Buchenholz hergestellt wurden. Die Stühle waren von zierlicher Form, die Beine aus gedrehten Sprossen waren am unteren Ende miteinander verbunden, der Sitz aus Stroh geflochten. Auch gab es hier eine besondere Stuhlmacherzunft, wie aus Kölner Nachlassverzeichnissen hervorgeht.

Stielmacher fertigten Besenstiele und Karste aus schlank gewachsenen Haselstauden, während solche mit starker Gabelung zur Anfertigung von Heurechen gesucht waren. Der leichte Holunder bot die Handrute für Dreschflegel. Das Holz junger Erlenstämme diente als Rohmaterial für Peitschenstiele, die für das Fuhrwerk, den Postkutschenleiter oder Reittiere unersetzlich waren.

Die Schindelmacherei war lange Zeit ein ländliches Nebengewerbe. Das Holzschindeldach war namentlich in Regionen, wo kaum Getreideanbau stattfand, bevorzugt, während in anderen Teilen der Eifel das Strohdach vorherrschte. Schindeln waren kleine, gespaltene, schuppenförmig übereinandergelegte Holzbrettchen aus Eichen- oder Buchenholz.

Wegen seiner Zähigkeit und Stärke fand das Schiffelstroh Verwendung für Strohmatten zur Eindeckung der Häuser. Der Eifeler Schiffelroggen (Schiffelkorn oder Rottkorn) war als Saatkorn allgemein geschätzt und wurde gut bezahlt; das Stroh musste besonders feinfühlig mit dem Dreschflegel gedroschen werden. Es diente darüber hinaus in vielen Fällen als Seilstroh zum Binden von Getreide und anderem.

Fast jedes Bauernhaus war im Besitz von Spinnrädern. Auf ihre Herstellung hatten sich Drechsler, Spindelmacher und Beindreher spezialisiert. Diese fertigten teils kunstvolle Räder mit Beinschnitzerei, spitze Walzen, auf welche das Garn gedreht wurde, und Hauswebstühle. Ihre Arbeit stand in hohem Ansehen, wie aus Rittersdorf und Heimbach überliefert ist. Auch Holzspielzeug und kleine Möbelstücke wurden hier geschaffen.

Der Spanmacher stellte Spankörbe und Spanhüte her und schnitzte auch die Späne für die Beleuchtung. Diese »Fimpen« nutzte man zum Anzünden der Lampe und der Pfeife. Die Brennspäne wurden aus dem der Rinde nächstgewachsenen Holz von Faulbaum und Weide geschält. Aus feingeschnittenen Holzspänen waren auch die Hüte mit breitem Rand, die der Bauer während des Sommers und der Erntezeit stets auf dem Kopf trug. Aus der Rinde der Birke und des Kirschbaumes wurden die bekannten Schnupftabakdosen hergestellt. Auch andere Behältnisse wie das »Schlotterfass«, in dem der Schleifstein für die Sense ruhte, stellte der Spanmacher her. Aus Haselspan, Eichenholzstreifen, Weidenruten oder Stroh wurden auch Körbe und Fallen geflochten. (Über Korbmacher wird an anderer Stelle berichtet, ebenso über die Arbeit der Besenbinder und Torfstecher).

Das Recht, Moos zu pflücken, wurde von den Forstverwaltungen vergeben. Moospflücker waren in den Feuchtgebieten der Wälder und des Hohen Venns unterwegs, um den Bedarf an Heiz- und Dung-, Streu- und Polstermaterial zu decken. Das getrocknete Moos diente darüber hinaus zum Ausfüllen und Bekleiden beim Hausbau (eine frühe Art ökologischer Isolierung). Moos wurde besonders in der Schneifel in großen Mengen gesammelt. Aus kräftigem und hartem Feldmoos fertigte man Bürsten, das bis nach Frankreich abgesetzt wurde, wie Mebus 1845 berichtet. In der »Eiflia illustrata« heißt es 1854: »Ein bemerkenswertes Erzeugnis der Waldungen im Kreise Prüm ist das Fetzmoos, auch Schwefelmoos und Haarmoos genannt. Jährlich kommen Leute aus Frankreich, um dieses Moos zu sammeln, welches zu Bürsten verarbeitet wird.«

Die Pulverherstellung beruhte auf Schwefel, der sich in der Form von Schwefelkiesen auch in der Eifel fand, sowie auf der einheimischen Holzkohle- und Salpetergewinnung. Die beste Holzkohle für das Schießpulver lieferte der Faulbaum, der auch »Pulverholz« oder »Schießbeere« genannt wurde. Pulvermacher produzierten das Pulver in Mühlen, in denen die Holzkohle kleingemahlen wurde.

Zundermacher sammelten die an den alten Buchen wachsenden Holzschwämme, entfernten davon die harte Schicht und legten die weichen Teile in feuchte Asche. Nun wurde der Schwamm auf einem Amboss mürbe geschlagen. Der »Lappen« kam dann in eine Lauge, wurde danach so lange gerieben, bis er samtartig und weich wurde. Der nunmehr entstandene Zunder diente neben dem Feueranzünden als Verband- und Blutstillmittel. Beliebt war der Stoff auch zur Anfertigung von nahtlosen Kappen, Westen, Kissen, Mappen, Tischläufern, zur Wattierung von Kleidern und Schmuckgegenständen. An besonders festlichen Tagen trug die Eifelerin »Zunderhauben«.

Zu den bäuerlichen und forstlichen Nebennutzungen gehörte das Sammeln von wilden Beeren in den Eifelwäldern. Besonders volksbeliebt waren Blaubeeren (Heidelbeeren, Waldbeeren), Preiselbeeren, Brombeeren, Himbeeren und Wacholderbeeren. In dichten Beständen wuchsen besonders Preiselbeeren in der Schneifel und dem Hochmoor des Venngebietes. Wie Landrat Bärsch 1854 berichtet, wurden diese Erzeugnisse bis nach Trier zum Verkauf getragen und »enorme Quantitäten bis nach England versandt«. Beerensammler gründeten in der Nordeifel (Kalterherberg) »Beerenverwertungsgenossenschaften«, die Wald- und Preiselbeeren in das Ruhrgebiet absetzten. Auch das Schneifeldörfchen Schlausenbach tat sich durch besonders große Beerenernten hervor. In den Venndörfern um Monschau (Perlenbachtal) nahm der Absatz von wildwachsenden Blumen einen nicht unbeträchtlichen Umfang an. Blumensammler machten sich besonders in den ersten Frühlingswochen auf, um pünktlich zum Osterfest frische Blüten anbieten zu können. Die endlosen Wiesen der Täler in der Nordeifel waren übersät mit dem Gelb der wilden Narzissen, die in den rheinischen Großstädten reißenden Absatz fanden. Aber auch Weidenkätzchen und junges Birken- und Buchengrün wurde angeboten.

Gesammelt wurden ferner große Mengen an Sauerampfer für Suppen, Brennesseln als Spinatgemüse, Lindenblüten und Brombeerblätter als Tee, Eicheln als Kaffeeersatz, Löwenzahn für den frischen Salat (was heute noch oder wieder neu geschieht). Es gab das Heidhauen und Ginsterschneiden als Streu, das Sammeln von dürrem Laub, ebenfalls als Streu für den Stall. Neben dem Eigenverbrauch wurden auch erhebliche Mengen zum Verkauf angeboten. Kurzzeitig wurden auch Saisonarbeiter eingestellt, um die Arbeiten bewältigen zu können. Nicht immer war die notwendige Zahl an Sammlern zusammenzubringen, wie es in einer St. Vither Quelle heißt. Der Lehrer, der im Dorf »um Kost rundging«, half ebenfalls bei der Sammelarbeit.

Dies ist nur eine kleine Auswahl zahlloser Nebenbeschäftigungen, die dem Eifelbauern zu etwas verbessertem Einkommen verhalfen. Fast selbstverständlich ist die Bemerkung, daß Kinder einen Großteil der Arbeiten wie Moos- und Beerenpflücken übernahmen. Daneben wurden Kinder bereits verdungen, hüteten das Vieh, arbeiteten zusätzlich in fremden Haushalten oder fuhren gar den Roggen zur Mühle oder das Mehl von der Mühle, wobei Zehnjährigen bereits ein Fuhrwerk anvertraut wurde. Aber auch die Alten halfen bei diesen oft ermüdenden Tätigkeiten mit.

Op d'm Moart

Dorf- und Stadtplätze boten in den Städten und Landgemeinden früher die Kulisse für das emsige Marktgeschehen. Das äußere Bild der Märkte, ob Wochen-, Vieh, Jahr- oder Krammarkt, ist mit dem heutigen nicht mehr zu vergleichen. Zum einen waren sie größer, bunter, aber auch lebendiger. Märkte waren Kommunikationsorte, wo man oft einen ganzen Tag miteinander verweilte und viel, viel zu erzählen wusste. Es waren fast ausnahmslos ambulante Händler, die hier ihre Waren und ihr Vieh anboten und täglich einen anderen Markt besuchten.

Angeboten wurden Lebensmittel aller Art, Körbe, Töpferwaren, Steingut, Besen, Sämereien, Schuhe, Torf, Koks, Kohlen, Kalk, Heu, Stroh, Löffel, Schuhe, Schaufeln, Spinnräder, Garten- und Stallgeräte, Brennholz und sogar Streichhölzer. Haustiere wie Schafe, Rinder und Geflügel waren ebenso vertreten wie Ferkel, Schweine und Ochsen.

Größere Marktorte beschlossen eine Marktordnung, die den Marktbetrieb regelte, dazu die Standgeld-, Messegeld- und Waagegebührenordnung. Nur so ließ sich das teils unüberschaubare Geschehen in geregelten Bahnen abwickeln. Wenn man bedenkt, dass z. B. in Mayen bis zu 5.000 Schafe aufgetrieben waren, lässt sich erahnen, was an Raumorganisation notwendig war. Neben Schafen waren es bis zu 100 Pferde, Rindvieh und bis zu 500 Schweine. Der gesamte Auftrieb an Schweinen und Ferkeln im Jahr 1978 betrug in Mayen noch stolze 8.300 Stück.

Schon von früh an gab es Spezialmärkte, auf denen eine bestimmte Produktgruppe wie Obst und Gemüse gehandelt wurde. Hier verkaufte der Produzent selbst, Zwischenhändler gab es kaum.

Beliebte Eifeler Marktorte waren Adenau, Daun, Prüm, Hillesheim, Münstereifel, Schleiden, Monschau, Mayen, Wittlich und Speicher. Hauptanziehungspunkte waren die Vergnügungsparks mit Schaukel und Karussell. Bereits am Vortag fuhren die Schausteller mit Pack- und Wohnwagen auf.

Eine beliebte Händlersprache war das » Jiddische«, eine spezielle Form, die aus dem Hebräischen und der deutschen Sprache hervorgegangen ist. Nichteingeweihte verstanden dann nicht, was gesprochen wurde oder zu welchem Preis das Schwein an den Mann kam.

Eifeler Markttage waren Freuden- und Festtage. Man freute sich bereits Wochen zuvor auf diese Möglichkeit, endlich einmal mit anderen zusammenzutreffen oder ein gutes Geschäft zu machen. Man konnte ein Schnäppchen machen, erfuhr Neues aus der großen Welt, traf Freunde und Bekannte. Meistens kehrte man noch im Wirtshaus ein, um ein Bier und ein Körnchen zu trinken. Leute, die viel auf Märkten vertreten waren, nannte der Volksmund »Moartferkel«.

Ein Zeitbild von 1949 aus Prüm

Um neun Uhr steht Lentes Michel bereits auf dem Marktplatz in Prüm – »Hoahn« genannt –, die Bless am Strick. Schaulustige gehen vorüber, Interessierte bleiben stehen, befühlen das Tier, betrachten Hörner, Beine und Klauen, doch zu einem ernsthaften Gespräch kommt es noch nicht. Überhaupt ist der Auftrieb an Großvieh nicht so groß. Dagegen herrscht auf dem Ferkelmarkt lebhaftes Gedränge, und das Quieken der Borstentiere hallt über den weiten Platz.

Michel drückt Kläschen, seinem Sprössling, den Strick in die Hand und macht einen Besichtigungsgang durch das Gelände. Vielleicht findet er eine Färse, wie er sie braucht. Aber, wie gesagt, nur geringer Auftrieb, und zudem muss die Bless zuerst verkauft werden.

»Dach Mechel!« Der dreht sich um.

»Dach Pitter!«

»Wie jeet et?«

»Juut. Un bej Esch?«

»Alles an der Rej. Äwer hätte mer e juude Rän. Ha dir de Jrompere schon jesaat?«

»Noch net all. De anner Woch jä mer ferdisch«.

»Wellst de och en Handel maachen?«

»Ech suchen e Biest. De letzt Woch ha mer en Kuh schloaschte muuße, die haat jett Steches an«.

Der kommt dem Michel recht. Er nimmt Pitter mit, lobt die Vorzüge seines Tieres, erzählt von dem hohen Milchertrag und bedauert nur, dass er es verkaufen muss, weil das Futter nicht reicht.

Pitter besichtigt die Kuh von oben nach unten, von vorn nach hinten.

»Wat wellste han, Mechel?«

»Wat jeste?«

»Siewenhonnert Mark!«

»Kent net a Froch. Enner aachthonnert jenn ech se net erous«.

»Siewenhonnertfoffzig!«

»Achthonnertfoffzig!«

»Daan as neist ze maachen«.

Pitter dreht sich um und geht. Schade! Die Bless gefällt ihm. Aber 850 Mark ist ihm zu viel. Und allzu eilig darf man beim Handel auch nicht sein. Der Michel will verkaufen, das merkt er. Er muss ganz schlau vorgehen. Ruhig und gleichmäßigen Schrittes durchwandert er die Stände, horcht nach links und rechts, um die Tagespreise zu erfahren. Soviel stellt er fest, für 800 Mark ist die Kuh nicht zu teuer.

Michel steht sinnend vor seiner Bless, schaut sie an und denkt, wenn der Pitter 800 Mark gibt, kriegt er die Bless. Aber nur nicht so tun, als ob man verkaufen müsste. Heimtreiben möchte er das Vieh nicht mehr.

Die Uhr rückt weiter. Mehr und mehr lichten sich die Stände. Der Ferkelmarkt macht bereits Schluss. Pitter muss eine Entscheidung herbeiführen. Michel sucht Pitter. Er wird doch zurückkommen?

»Esch jenn dier siewenhonnertfoffzig.!«

»Achthonnertzwanzig!«

Pitter dreht sich um und macht Anstalten, zum zweiten Male auszurücken.

»Achthonnert, Pitter, dat ass me letzt Wuurt!«

»Siewenhonnertningzig un kee Daler mieh!«

Kurzes Schweigen! Michel umschreitet seine Bless, den Kopf gesenkt. Dann wendet er sich ruckartig zu Pitter:

»Siewenhonnertfönfunningzig, un dou jess de Braantwing!«

Michel hält die Hand hin. Pitter schlägt ein. Der Handel ist perfekt. Bei Bäcker-Kläschen in Prüm wird der Schlussstrich gezogen. Klein Kläschen muss die Bless noch eine Weile spazieren führen, ehe sie den Weg in die neue Heimat antritt.

Eifeler Wetterstation

Original Schleifstein aus der Pittenbacher
Öl- und Getreidemühle.
Der Stein diente dem Schliff aller land- und forstwirtschaftlichen Geräte sowie verschiedener Haushaltsgeräte.

******

Schleifstein bewegt sich = S T U R M

Schleifstein liegt ruhig = W I N D S T I L L E

Schleifstein ist nass = R E G E N

Schleifstein ist trocken = K E I N R E G E N

Schleifstein ist weiß = S C H N E E

Schleifstein wirft Schatten = S O N N E

Schleifstein ist unsichtbar = N E B E L

Schleifstein ist runtergefallen = E R D B E B E N

Schleifstein ist weg = G E K L A U T

Prost auf den Eber!

Bierbach(tal), Waldbierbach, Zoo Neubierbachtal, Bierenfenn – alles Begriffe aus den lokalen Fluren rund um Reinigseifen, Seifenberg und Höhberg (447 m) bei Lünebach,

Hollnich und Pronsfeld. Das Bierenfenn befindet sich zwischen Habscheid und Heckhuscheid und stellt ein kleines überwachsenes Hochmoor dar. Waldbierbach und Bierbach, im Volksmund nur »Bier« genannt, sind kleine Bäche, die sich über wenige Kilometer von kleinen Erhöhungen im Westen nach Osten »bewegen« und gemeinsam nach der Passage des Eifelzoos in die Prüm münden.

Interessante Frage: Woher kommt nun der Name »Bier«? Gewiss – er hat nichts mit dem beliebten Getränk zu tun. Weder gab es in dieser sumpfig-derben Landschaft Gersten- noch Hopfenanbau. Dafür aber reichlich Eichen- und Buchenwälder! Und von den nahrhaften Früchten der Laubbäume ernährten sich besonders im Herbst und Winter die Schweine und Eber, die eigens vom Schweinehirten in diese Flächen getrieben wurden. So heißt »auf Platt« der Eber »Bier«, womit das Rätsel gelöst ist.

Prost auf die Eifel!

Trinken gilt dem Erhalt des Lebens. Ohne Wasser kein Leben. Dass Trinken darüber hinaus auch ein Genuss sein kann, wussten die Menschen schon immer.

Die Trinkkultur auf dem Lande – somit auch in der Eifel – entsprach in Deutschland bis ins 19. Jahrhundert hinein den Trinksitten, die jahrhundertelang für alle Schichten verbindlich waren, nämlich dem Zutrinken, vor allem auf die Gesundheit, den wiederholten Trinkrunden in Gesellschaft und dem Bruderschaftstrinken. »Trunkenheit und trunkenes Benehmen galten in der bäuerlichen Welt nicht als peinlich oder anstößig. Auf den bäuerlichen Festen war ein Rausch sogar allgemein angestrebtes Ziel; ein Zustand, der von Frauen und Männern gleichermaßen gesucht wurde«, heißt es in einer uralten Quelle.

Bis ins 18. Jahrhundert hinein war Bier das Alltagsgetränk für die Bauern. Für den täglichen Gebrauch brauten sie lange Zeit selbst, nur für Feste mussten sie das Bier von einer Brauerei beziehen. Die Brauperiode ging von November bis Februar. Nach 1800 verdrängte der Branntwein zunehmend das Bier in seiner Bedeutung.

Starkes Bier wurde vor allem auf den Festen und bei bestimmten Anlässen getrunken. So begann eine Bauernhochzeit mit einem gemeinsamen Umtrunk noch vor dem Gang zur Kirche, und nach dem Hochzeitsessen wurde dann bis in den Morgen hinein getanzt und getrunken. Bei einer Taufe waren die Eltern verpflichtet, die Verwandten und die Hebamme zum Trinken einzuladen, dem so genannten »Kindelbier«. Nach einer Beerdigung gab es das »Grabbier«.

Wie bei den Bauern blieben die alten Trinksitten auch in den Zünften der Handwerker lange Zeit erhalten, vor allem bei den Gesellen, die diverse Trinkrituale pflegten. Jede Gesellenbruderschaft hatte detaillierte Trinkregeln und Strafen für Regelverstöße bei Trinkgelagen. Der sogenannte »Blaue Montag« als arbeitsfreier Tag, an dem gemeinsam getrunken wurde, galt als Recht der Gesellen, das seit dem 18. Jahrhundert aber zunehmend in Frage gestellt wurde. 1857 hieß es in einer Hamburger Zeitung, die Gesellen »entzogen sich an allen Montagen des Jahres der Arbeit, begingen an denselben allerlei Unordnungen und Ausschweifungen, machten das Feiern des Blauen Montags zur Corporationssache, straften diejenigen ihrer Mitgesellen, welche den Tag nicht auf der Herberge zubrachten und nötighten alle Anwesenden zum Zechen.«

Beim Anstoßen erheben alle trinkenden Personen ihr Trinkgefäß zur Mitte, sodass sich diese schwunghaft berühren und klirrend aneinander stoßen. Üblicherweise wird dieser Vorgang noch mit gängigen Trinksprüchen (siehe auch Vorwort) begleitet. Der Legende nach entstand dieser Brauch zur Zeit mittelalterlicher Trinkgelage. Durch das Zusammenstoßen schwappte das Getränk auch in die Gefäße der Mittrinkenden über, sodass ein Vergiften des Getränks des Gegenübers die Gefahr mit sich gebracht hätte sich auch selbst zu vergiften. Eine Variante hiervon ist das Zuprosten, bei dem über längere Distanzen hinweg das Glas sichtlich gehoben und damit ein Anstoßen angedeutet wird, ohne dass sich die Gläser berühren.

Eine entwickelte Trinkkultur stellt die alltägliche Flüssigkeitsaufnahme in den Dienst einer höheren Sache, zum Beispiel in die Pflege der Sozialbeziehungen der gemeinsam Trinkenden. Alkoholische Getränke werden hier oft als besonders wirksam erachtet. Die einfachste Form ist das »Zuprosten« und zeitgleiche Trinken, zu zweit oder in größeren Gruppen, oft nach einer Ansprache (engl. toast), auf das gegenseitige Wohl oder auf einen oder mehrere Dritte.

Überall und zu allen Zeiten gab es das so genannte Kampftrinken oder Wetttrinken, die historische Entsprechung ist das Trinkgelage. Die Forschung vertritt die Ansicht, dass sich in den unteren Schichten der mitteleuropäischen Bevölkerung die Trinksitten des Mittelalters teilweise bis heute gehalten haben. Die alten Rituale des Zutrinkens und Wettsaufens hätten gerade im Arbeitermilieu nach wie vor eine Bedeutung.

Der Brauch, sich gegenseitig zu einem alkoholischen Getränk einzuladen und dadurch eine Form der Verbundenheit herzustellen, ist Studien zufolge fast universell verbreitet. Im deutschen Sprachgebrauch stehen die Begriffe »einen ausgeben« oder »eine Runde ausgeben« für diesen Brauch.

»Wenn einmal erklärt worden ist, dass eine Runde beginnt, sind alle Teilnehmer verpflichtet, mitzuhalten, und zwar unabhängig von ihrer persönlichen Stimmung im Augenblick. Man kann in dieser Situation nicht darauf bestehen, nur für sich selber zu zahlen. Wenn einer aus der Gruppe nach der ersten Runde das Lokal verlassen muss, so wird er in der Regel erklären, dass er die erste Runde ausgeben wird. Obwohl es ihm gegenüber eine gewisse Ungerechtigkeit darstellt, mehr Getränke zu bezahlen als er selber trinken kann, wird die Gruppe sein Angebot annehmen, oder aber ein anderer Rundenteilnehmer erklärt sich bereit, die erste Runde zu übernehmen und dem, der bald das Lokal verlassen muss, ein Glas gleichsam als Geschenk zu zahlen. Wenn das Rundentrinken begonnen hat, ist jeder Teilnehmer verpflichtet, mindestens eine Runde zu übernehmen. Das heißt, wenn eine Gruppe aus vier Teilnehmern besteht, müssen mindestens vier Runden absolviert werden. Danach kann dann entweder ein neuer Zyklus von Runden beginnen, oder die Teilnehmer trinken auf eigene Kosten weiter.« (Quelle Hasso Spode)

Beim Ritual der Trinkrunde handelt es sich de facto nicht um eine Geste des Schenkens, sondern um eine Form von Tauschgeschäft, denn jeder bezahlt im Prinzip für die Menge, die er trinkt. Eine Ausnahme stellt nur die so genannte »Lokalrunde« dar.

Alkohol wird fast immer in Gesellschaft getrunken. Sehr häufig geschieht das in einer Kneipe. Für das Verhalten in einem Trinklokal gelten wiederum bestimmte ungeschriebene Regeln. Alle Anwesenden, gleichgültig, ob sie sich kennen oder nicht, haben das Recht, den anderen in eine Unterhaltung zu verwickeln und die Pflicht, sich ihrerseits ansprechen zu lassen. Während an allen anderen Orten der Kontakt zu Unbekannten normalerweise eingeschränkt ist, stellt die allseitige Aufgeschlossenheit und Ansprechbarkeit die Grundregel der Kneipe dar. Der Kneipenbesitzer oder Gastwirt hat eine besondere Rolle, denn einerseits fungiert er als Gastgeber, andererseits ist er ein Kaufmann, denn er verlangt Geld für die Getränke. Ein Vorläufer der Kneipe war das Gasthaus, das früher immer zugleich Restaurant, Ausschank und Herberge war. Ein anderer Vorläufer war die Schänke. Im Gasthaus war der Gastraum bis weit in die Neuzeit hinein nicht getrennt von der Küche und den Privaträumen des Gastwirts; diese Trennung vollzog sich erst um das Jahr 1800.

Der heute für Kneipen typische Tresen – in der Eifel nur »Theke« genannt – kam erst um 1900 in England auf als Pendant zum Ladentisch in Geschäften. Bald etablierte sich die Sitte, an der Theke stehend zu trinken statt sich zu setzen. Das lag auch an der wachsenden Popularität von Getränken wie Branntwein und Cognac, die in einem Zug gekippt werden, was bei Bier und Wein üblicherweise nicht der Fall ist.

In Deutschland entstanden im 19. Jahrhundert unterschiedliche Trinkorte für verschiedene Schichten und unterschiedliche Bedürfnisse. Die Gaststätten boten neben alkoholischen Getränken auch Speisen an, es gab Kneipen für Arbeiter, Künstlerkneipen, Stehbierhallen für eilige Konsumenten und so genannte Bierpaläste der Brauereien, in denen es ausschließlich das hauseigene Bier gab und dazu preiswerte Gerichte. In den großen Sälen fanden auch häufig Versammlungen und Veranstaltungen statt, stets mit Bierausschank.

Da das Trinken in Gemeinschaft immer auch eine soziale Funktion hat, entstanden bereits früh Regeln für das gemeinsame Trinken, etwa zur Reihenfolge beim Zutrinken. Mit der Entstehung von Benimmregeln für das Verhalten bei Tisch kamen auch Vorschriften für das Trinken auf, die man als Etikette bezeichnen kann. Diese Vorschriften variieren je nach Kulturraum und waren auch einem historischen Wandel unterworfen. Heute gibt es vor allem für den Genuss von Wein eine spezielle Trinketikette, deren Kenntnis bei Weinkennern vorausgesetzt wird.

Für verschiedene Weintypen gibt es unterschiedlich geformte Weingläser, die Auswahl ist nicht dem individuellen Geschmack vorbehalten. So soll zum Beispiel Burgunder in einem Ballonglas serviert werden, Bordeaux dagegen in einem eher tulpenförmigen, um den Geschmack zu optimieren. Im Restaurant überprüft zunächst der Kellner die Qualität des Weins, ehe der Gast einen obligatorischen Probeschluck nimmt. Bei größeren Gesellschaften wird zunächst dem Ehrengast eingeschenkt, danach den Damen und dann den Herren, zum Schluss dem Gastgeber. Es ist nicht üblich, die Weingläser ganz zu füllen, sondern höchstens bis zur Hälfte; nachgeschenkt wird, ehe das Glas völlig leer ist.

Das Glas wird nur am Stiel gehalten, nicht am Korpus und auch nicht am Fuß. Kenner schwenken den Wein zunächst im Glas, wobei die Etikette für Rechtshänder das Schwenken gegen den Uhrzeigersinn vorschreibt. Wiederholtes Anstoßen gilt als unpassend, es sollte nur einmal zu Beginn erfolgen, wobei nur mit den gleichen Getränken angestoßen werden soll, also nicht Bier mit Wein; Wasser gilt dagegen als neutral. Ansonsten wird Zuprosten ohne Gläserkontakt empfohlen.

Kurzum sei für die Eifel und die Randgebiete gesagt: Trinken galt als pure Lebensfreude. Trinken stiftete Identifikation, bot Genuss und stärkte die Gemeinschaft. Die Etikette war eher etwas für Sommerfrischler aus den Städten wie Köln oder Bonn.

Prümlied

Die Abtei- und Waldstadt Prüm war es Dichtern, Komponisten und Schriftstellern zu allen Zeiten wert, besungen und »bedichtet« zu werden. Mal sachlich-nüchtern, mal poetisch, mal emotional.

Weithin bekannt war das Lied »Mein Eifelstädtchen Prüm« für eine Singstimme mit Klavierbegleitung von Edmund Hansen. Es wurde im Jahre 1899 im Verlag »W. Heinen, Buchhandlung Prüm« verlegt. Hansens Verse huldigen der Stadt in inniger Weise und beschwören geradezu die Lage und die natürliche Umgebung aus der Sicht eines Eifel-Liebhabers:

Kennst du im schönen Eifelland
das Städtchen hart an Berges Rand?
Umschattet rings von grünen Höh'n
liegt's im Gebirge wunderschön!
Der echte, bied're deutsche Sinn
herrscht bis zur Stunde noch darin.
Ich sing es laut mit heller Stimm',
es ist das Eifelstädtchen Prüm!

Und tret' ich ein in's holde Grün
Und steige auf die Berge hin,
lass' schweifen meinen Blick in's Tal,
wie wird's mir da mit einem Mal!
Wenn rings der Wald mich sanft umwiegt,
tief unter mir das Städtchen liegt,
dann ruf ich freudig, ungestüm:
Wie schön liegst du, mein Städtchen Prüm!

Und wenn ich scheiden muss von hier,
wie weh wird's dann um's Herze mir,
wenn ich verlassen muss den Ort,
muss ziehen in die Ferne fort:
Dann steig' noch einmal ich zur Höh',
noch einmal ich auf's Städtchen seh'
und ruf' mit wehmutvoller Stimm':
Nun lebe wohl, mein Städtchen Prüm!

Diese Liedvorlage wurde mit einer Lithografie in einem Rahmen verziert, die einen Panoramablick auf die Stadt zeigt. Im Mittelpunkt dabei: die Basilika und Fürstabtei neben dem Konviktsgebäude. Weitere schmükkende Elemente auf dem Liedblatt sind Tannengrün und Schmuckbuchstaben.

Sagenhafte Eifel

Die Eifeler Wälder laden zu erholsamen Wanderungen ein. Doch sobald die Abenddämmerung hereingebrochen ist, sollte man den Forst möglichst meiden, denn im Dunkel der Nacht irren dort Geister und unerlöste Seelen umher. Wer aber nicht an Gespenster glaubt, kann sich gerne in der Finsternis ins dichte Gehölz wagen. Schon bald wird er eine einsame, unheimliche Gestalt erblicken und wunderliches Hundegebell vernehmen – japp, japp. Da packt auch den mutigsten Nachtschwärmer das kalte Grauen, und er wünscht sich nur eines: Weg von hier! Doch es kann geschehen, dass er niemals mehr aus dem Dickicht herausfindet, und dann muss er herumirren, ruhelos, gehetzt, bis in alle Ewigkeit – genau so wie der ewige Jäger, von dem die Sage zu berichten weiß.

Im Weyerer Wald

Der Weyerer Wald zwischen Keldenich, Urfey und Weyer ist das Jagdgebiet eines gespenstischen Jägers. Wie der Weidmann dort vor langer Zeit hingeraten ist, erzählt folgende Sage: »In der Keldenicher Flur gibt es eine Stelle, die heißt ›Auf dem Königsfeld‹. Vor langer Zeit soll hier eine Burg gestanden haben, vielleicht war es ein Königshof, eine sogenannte Pfalz. Auf dieser hehren Feste lebte einst eine fromme Burgfrau, deren einziger Sohn ihr allerdings in keiner Weise nacheiferte; im Gegenteil, er kümmerte sich weder um Gott noch sein Gebot. Sein Herz war ausschließlich erfüllt vom Weidwerk in Gottes freier Natur. Wenn die Mutter wie alle tugendreinen Keldenicher sonntags die heilige Messe besuchte, lachte er nur spöttisch. Besessen von seiner Jagdleidenschaft ging er lieber auf die Pirsch als in die Kirche. Eines Sonntags, als es in Keldenich gerade zum Hochamt läutete, nahm der Nimrod wieder das Gewehr von der Wand. Da wurde seine Mutter sehr traurig und klagte: ›Ach, mein Sohn! Sonntag für Sonntag versündigst du dich, da du die heilige Messe versäumst.‹ Als der Sohn nur wieder hämisch lachte, wurde sie ärgerlich und rief zornig: ›Dann geh doch auf die Jagd, du missratener Nichtsnutz! Ich wünsche, dass du jagen mögest für immer und ewig.‹ Nun hatten damals Wünsche und Flüche große Macht. Darum musste man sich dreimal überlegen, was man sich wünschte und wen man verfluchte. Und obwohl der Mutter ihre Worte sofort leid taten, ging die Drohung in Erfüllung. Der Sohn kehrte am Abend nicht in die Burg zurück, und auch nicht am nächsten Tag und nicht am übernächsten und niemals mehr.«

Die Burg auf dem Königsfeld ist längst untergegangen; keine Menschenseele weiß wann und wodurch. Doch der ewige Jäger geistert noch immer durch das Weyerer Waldgebiet. An den schroffen Felsen »boven zur Ley«, am Donnermaar, an den steinalten Hügelgräbern, im Urfeyer Paradies und im Keldenicher Königsfeldertal hat man ihn schon gesehen.

Eine andere Erzählart der Sage des ewigen Jägers im Weyerer Wald zieht eine Verbindung zu der Juffer Fey, die

Nachfolgerin der Matronengöttinnen, die einst unser Land beschützten. Die Juffer Fey hat ihr Reich am Feybach und beschützt Mensch und Tier, Wälder und Felder, Dörfer und Weiler. Sie ist eine gute Fee, kann aber sehr unangenehm werden, wenn die Sonntagsruhe im Wald gestört wird.

Die Sage erzählt: »Als der Jäger an einem Weihnachtstag wieder jagte, erlegte er schon bald einen außergewöhnlich großen Hasen, den er in die Jagdtasche steckte. Danach trat das Wild massenhaft auf, aber es neckte ihn nur. So wollte es ihm nicht mehr gelingen, auch nur ein einziges Stück zu erschießen. Erschöpft setzte er sich schließlich auf einen Felsblock und legte seine Jagdgeräte zur Seite. Da plötzlich, als es gerade auf dem nahen Kirchturm zu Weyer zur heiligen Wandlung läutete, erblickte er eine alte, gebeugte Frau, die ihre Augen starr auf ihn richtete. Das war aber niemand anders als die Juffer Fey. Sie umkreiste dreimal die Weidtasche, schlug mit einer Haselrute darauf und sprach: Wach auf! Wach auf! Lieb' Schwester Marie!

Jetzt gilt's zu enteilen, jetzt oder nie! Und flugs sprang das erlegte Tier quietschlebendig aus der Tasche und verschwand im nahen Buschwerk. Der Jäger griff erzürnt nach seiner Waffe, eilte dem entsprungenen Hasen hinterher und rief drohend: ›Ich will dich wiederhaben und sollte ich dich jagen bis zum Jüngsten Tage!‹ Noch immer hat der Jäger den Hasen nicht erwischt und durchstreift bis heute ruhelos die Wälder.«

Im Holzheimer Wald

Um die Bekehrung eines reuigen »Sonntagsjäger« geht es in einer Sage aus Holzheim. Hier erscheint die gute Fey in Gestalt eines Hasen: »Es war an einem Weihnachtstag, und die Dorfbewohner von Holzheim machten sich gerade auf, um dem feierlichen Hochamt in der Kirche beizuwohnen. Nur ein Jägersmann hatte anderes vor: Er machte sich auf, um im Wald zwischen Harzheim und Holzheim zu jagen. Als er so durch den Wald streifte, entdeckte er plötzlich in der Nähe einen Hasen. Flugs ergriff er seine Büchse. Der Hase blieb still sitzen und blickte dem Weidmann fest in die Augen. Zweimal schoss der Jäger auf ihn, doch es war wie verhext: Er traf ihn nicht. Ärgerlich legte er gerade die Flinte zum dritten Mal an, als er hinter sich eine Stimme hörte, die eindringlich warnte: ›Nicht schießen, nicht schießen!‹ Verdutzt blickte sich der Jägersmann um, erblickte aber niemanden. Da wurde ihm gar gruselig zu Mute, und die Jagdlust war ihm für diesen Tag vergangen. Eilig kehrte er nach Hause zurück. Als er an der Holzheimer Kirche vorbeikam, erklangen gerade die Altarglöckchen zur Wandlung. Sie trafen ihn mitten ins Herz. Demütig kniete er nieder und bat Gott um Vergebung seiner Sünden. Da hörte er eine leise Stimme, die ihm zuraunte: ›Es war dein Tausendglück, dass du nicht mehr geschossen hast. Denn ansonsten hättest du jagen müssen auf ewig und drei Tage.‹ Niemals mehr ist der Jäger sonntags auf die Jagd gegangen.«

Am Rotbach

Auch am Lauf des Rotbachs spukt es. Zwischen Disternich und Müddersheim geistern sowohl Juffern als auch eine Jägergestalt, die hier der »grüne Jäger« genannt wird, denn im grünen Gewand, bepackt mit Gewehr und Jagdsack, begleitet von einem kleinen Hund, durchstreift er die Gegend und strebt »im Zwange eines Bannes« einem kleinen Wald zu. Seine Herkunft aus dem Reich der Geister verrät er durch erschreckend düsteres Gebaren. Anscheinend hat auch diese unerlöste Seele als Sonntagsjäger schwere Schuld auf sich geladen, die ihm jetzt den Himmel verschließt. Viele Menschen haben ihn gesehen und sind der grausigen Gestalt flugs aus dem Weg gegangen.

Im Münstereifeler Wald

Im Münstereifler Wald hat ein Fluch – in diesem Fall einer Ehefrau – einem Jäger den Eingang in die ewige Seligkeit verwehrt. Hier ist es ein Schuster, der anstatt bei seinen Leisten zu bleiben, lieber wildern ging. Das erlegte Wild verkaufte er und vertrank das Geld. Eines Tages erreichte ihm im Wirtshaus die Nachricht, dass seine Frau im Sterben lag: »Mit aschfahlem Antlitz und schreckstarrem Blick hastete der Schuster ans Bett seiner Frau. Zu spät! Im Fieberwahn redete die Frau schreckliche Dinge und rief plötzlich mit markerschütternder Stimme: ›Mag er immerdar im Wald umherstreifen, der Müßiggänger, Trunkenbold und ewige Jäger!‹ Es waren ihre letzten Worte und von der Stunde an irrt der ewige Jäger im Münstereifler Wald umher. Um die Mitternacht begegnet er mitunter heimwärts wankenden Zechbrüdern, die sich in Münstereifel bei Glas und Spiel verspätet haben. Doch nimmer vergessen sie den todtraurigen Blick, mit welchem er sie anschaut und dann mit seinem Dackel wie ein Schatten müde und kraftlos dahinschwankt.«

Das wilde Heer

Am gefährlichsten ist es im Wald in der Zeit von Weihnachten bis Dreikönigstag, denn zwischen den Jahren braust der wilde Jäger mit seinem Heer durch die Lüfte. Einst regierte er als Donar die Götterwelt, später eroberte er mit zahllosen großen Helden das Firmament. Er erlöste manche verbannte Seele und nahm sie in sein Geisterheer auf. Der Sagengeist »ewiger Jäger« gehört aber nicht zum Heer der wilden Jagd. Anscheinend ist er zwar in die »ewigen Jagdgründe«, aber nicht in die himmlischen Jagdgründe eingegangen. So irrt der Verbannte noch immer wie ein gehetztes Wild durch die Nacht. Und wer es nicht glaubt, kann sich in dunklen Nächten in einem noch dunkleren Eifelwald davon überzeugen.

Sophie Lange

Schneifelsaga

O schaurig ist's übers Moor zu gehn,
Wenn es wimmelt vom Heiderauche,
Sich wie Phantome die Dünste drehn
Und die Ranke häkelt am Strauche,
Unter jedem Tritte ein Quellchen springt,
Wenn aus der Spalte es zischt und singt!
O schaurig ist's übers Moor zu gehn,
Wenn das Röhricht knistert im Hauche!

(Aus: „Der Knabe im Moor" von Annette von Droste-Hülshoff)

Das Mädchen Katharina, nur »Kätt« genannt, stammte aus Schlausenbach, mundartlich »Schlousebisch«. Es war mit einigen Burschen aus dem Dorf eine Wette eingegangen – nämlich in dunkler Nacht aus dem Taldorf allein hinauf zum Schwarzen Mann zu gehen. Dieser Weg war nach uralter Überlieferung ein hohes Wagnis, denn überall lauerten Nebelfrauen, dunkle Gestalten, »Erlkönige«, Fabelwesen, Feen, Waldschrate und Tiere im finsteren Tann.

Einige Burschen, die an der Wette beteiligt waren, liefen voraus, versteckten sich im dunklen Gebüsch und zogen sich Reisig und Kleider über den Kopf. Sie hatten unter sich ausgemacht, das Mädchen zu erschrecken. Kätt ging mühselig den steilen Weg hinauf zum Grat, wo ihm die jungen Männer auflauerten. Als die Burschen aus dem Tann heraus sprangen, traf das verängstigte Mädchen der Schlag und es fiel tot um.

An der Straße – unweit des Blockhauses am Schwarzen Mann – erinnert ein kleiner Platz mit Infotafel und Bänken an das »sagenhafte« Ereignis. Aus »Kättenkreuz« wurde im Laufe der Jahre der irritierende Begriff »Kettenkreuz«, das ebenso diesen waldumsäumten, schattigen und schaurigen Ort schmückt.

Nachtrag: Ob es sich um eine wahre Begebenheit handelt, ist unklar. Früher wurden oftmals solche Schauer- und Gruselgeschichten verbreitet. Sie dienten einmal zur Belustigung bei gewissen Männerrunden in Kneipen und mit der Intention, Kinder von »ungeraden Wegen« abzuhalten und ihnen Furcht einzuflößen.

Schlabberjannes un Klonterklär

Zwei Eifeler Originale

Gleich zwei Originale gaben sich früher die Hand und standen sich in nichts nach: »Schlabberjannes« und »Klonterklär«. Er, Jannes, und sie, die Klär, beide aus eher bescheidenem Stand. Trotzdem mochten sie die Menschen und keinesfalls schaute man verächtlich zu ihnen herab.

Doch woher kommen diese originellen Namen? Der Jannes war der typische Repräsentant einer Bauernfamilie, der auf sein äußeres Erscheinungsbild keinen Wert legte. Er kramte seine Klamotten wahllos zusammen, mischte die Farben und das Material »wie es kam« und trug diese Kleidung dann meist mehrere Tage. Eine blaue Hose, einen dikken Pullover, meist auch sommertags, einen alten Hut und die berühmten Gamaschen über den Schuhen am Schienbein. So »schlabberte« alles an ihm, erfunden war schnell sein »zusammengeflickter« Name »Schlabberjannes«.

Die weibliche Vertreterin, für die die gleiche Beschreibung passt – freilich trug sie ein langes Kleid mit Kittelschürze sowie ein Kopftuch – wurde »Klär« getauft.

Längst sind beide Originale aus dem Dorfbild verschwunden. Zurück bleiben die Erinnerung und die Anerkennung für ihr teils mühsames Leben und Arbeiten in weitaus ärmeren Zeiten, über denen dann noch das ganze Leid der Kriege lag.

Klonter- un Kludderklär

Früher gab es neben der Klonterklär auch eine »Kludderklär«. Deren Name bezieht sich nicht auf ihre Kleidung, sondern auf ihr langsames und umständliches Verhalten. Der aus Pronsfeld stammende Professor und Literat Klaus Hansen hat »Kludderklär« sogar einige Zeilen gewidmet:

Dialog:

Bas dou ret?
Loa jäng.
Bas dou noch net ret?
Loa riicht.
Tommel dech!
Bas dou wel ret?
Loa jäng.
Winnie bas dou ret?
Loa riicht.
Ret firr ze joahn?
Wat sos.
Da jö!

Silvester- und Neujahrsbräuche

Silvesterfeuerwerk

Silvester kennt viele Ursprünge, nicht alle Hintergründe sind eindeutig geklärt. Schrecken verbreiten, Lärm schlagen und Krach machen gehört zum Brauchtum in der Silvesternacht und an Neujahr. In alten Zeiten begingen die Germanen nach der Wintersonnenwende die Raunächte. Das von Aberglauben bestimmte Lärmen und Treiben in diesen Nächten hatte die Bedeutung der Vertreibung böser Geister. Die Germanen benutzten Rasseln, Peitschen und Dreschflegel als Lärminstrumente. Im Mittelalter und auch noch später waren es Kirchengeläut, Pauken und Trompeten. Das Schießen mit Böllern und Gewehren oder aus der Kanone kam mit der Verbreitung des Schwarzpulvers auf. Besonders der französische Sonnenkönig Ludwig XIV. war für seine gigantischen Feuerwerksspektakel bekannt. Heute benutzt man keine Gewehre mehr in der Silvesternacht, und es sind nicht nur Böller, sondern auch Silvesterraketen, die mit ihrem Lärm das Jahresende anzeigen und das neue Jahr einleiten. Feuerwerkskörper und Silvesterböller dienen in unserer Zeit weniger der Vertreibung von Dämonen und bösen Mächten, sie sind wohl eher ein Ausdruck der Freude.

Orakelbräuche

Der Jahresausklang ist eine besondere Zeit, in die Zukunft zu schauen. Dies gilt auch für Menschen, die sich selber nicht unbedingt als abergläubisch betrachten. Man möchte gerne wissen, was einen im nächsten Jahr erwartet. Im Laufe der Geschichte haben sich daher zu Sylvester einige Orakelbräuche herausgebildet. Aberglaube sowie der Glaube an die Magie und Zauberkraft mancher Dinge mag für die Entstehung solcher Bräuche und Orakel-Spiele ausschlaggebend gewesen sein.

Bleigießen

Ein immer noch beliebter, wenn auch allmählich einschlafender Silvesterbrauch bzw. Orakelbrauch auf der Silvesterfeier bzw. Silvesterparty ist in manchen Regionen das Bleigießen. Im übertragenen Sinne kann das Blei als

Schwermetall für alles Schwere und Belastende angesehen werden, das man im alten Jahr zurücklassen möchte. Wann der Brauch, Blei zu gießen, entstanden ist, wieso und in welchem Zusammenhang, ist schwer zu sagen. Schon im Altertum war das Gießen von Blei eine oft angewandte Methode. Im Mittelalter wurden mit dieser Gussmethode Siegel, Abzeichen, Schaumünzen usw. hergestellt. Möglicherweise aber hat die mittelalterliche Erfindung der Buchdruckkunst durch den Erfinder Johannes Gutenberg mit dem Silvesterbrauch zu tun. Zum Drucken wurde flüssiges Blei in die Matrizen gegossen. Schriftsetzer, die im Besitz von Blei waren, konnten Feiertagsgäste und Freunde zu Silvester mit dem Schwermetall versorgen, das dann in erhitztem Zustand in Wasser gelassen wurde und Figuren bildete, in denen man unterschiedliche Symbole sah.

Weitere Bräuche

»Ein gutes und gesegnetes neues Jahr!« So oder so ähnlich lautet überall der offizielle Neujahrsgruß, oder besser gesagt Silvestergruß, denn dieser Neujahrswunsch wird ja schon vor Eintritt des neuen Jahres ausgesprochen. Im privaten Umgang wünscht man sich eher »einen guten Rutsch«. Sind dann die ersten Sekunden des neuen Jahres angebrochen, so stößt man auf den Silvesterfeiern, Silvesterpartys und Feten mit einem Glas Sekt an und sagt »Prosit Neujahr« oder kurz »Prost Neujahr«. Das Wort »Prosit« ist lateinisch und bedeutet übersetzt: Es möge gelingen. Alle diese Neujahrswünsche drücken die Hoffnung aus, dass das neue Jahr dem Mitmenschen Glück bringen werde.

In der Neujahrsnacht vertreibt man das alte und begrüßt das neue Jahr durch Geräusche, lauten Lärm und Schießerei. Dies ist heute so und war schon zu germanischer Zeit so. Früher geschah dies mit Hilfe von Trommeln, Schellen und Peitschenknallen. Heute sind es vor allem Böller und andere Feuerwerkskörper, die lautstark das neue Jahr ankündigen. Neben dem Abfeuern von Böllern und Raketen kennt man in manchen Regionen auch das Neujahrsschießen mit Gewehren. In der Altmark benutzt man die Gewehre, um beim Morgengrauen am Neujahrstag in die Gärten zu schießen, damit die Bäume reichlich Früchte tragen mögen. Bei diesem Neujahrs-Schießen sollte jedoch nach Möglichkeit kein Baum getroffen werden. Vor allem in der Alpenregion wird das neue Jahr mit Peitschengeknall angekündigt. Dieser Brauch erinnert an den germanischen Ritus zur Vertreibung böser Geister in den Raunächten. In Westfalen kannte man früher den Brauch des Neujahrs-Hämmerns, bei dem der Schmied sich mit seinen Gesellen um den Amboss versammelte, um das alte Jahr mit rhythmischen Schlägen auszuhämmern.

Die »eisernen Bibeln«: Takenplatten

Auch in Prüm gibt es sie – und zwar in einer wundervollen Dauerausstellung im Konvikt, Haus der Kultur: Takenplatten. Dabei handelt es sich um gusseiserne Platten, die früher in Bauernhäusern in eine Aussparung der Feuerwand zwischen Küche und Stube eingemauert wurden. Sie nahmen die Hitze des Feuers auf und gaben sie zur Stube hin wieder ab. Der Namen leitet sich ab von dem lateinischen Terminus »tegere« = bedecken.

Ofenplatten ähneln in Form und Herstellung den Takenplatten, die Seitenplatten verfügen an den Rändern jedoch über Lappen, die es ermöglichten, die zu einem

Fünf-Platten-Ofen zusammengesetzten Platten mit der Rückseite in die Wand einzumauern. Sowohl Taken- als auch Ofenplatten haben in der Regel bildliche Darstellungen und zeigen bis zur Französischen Revolution meist biblische oder heraldische Motive, danach auch mythologische oder allegorische Darstellungen.

Die weite Verbreitung von biblischen Motiven in bäuerlichen Anwesen legt nahe, dass die Takenplatten dort auch als Bilderbibel dienten, die die meist des Lesens und Schreibens nicht kundigen Menschen mit biblischen Geschichten unterhielten.

Das Phänomen der Takenheizung ist auf einen eng begrenzten geografischen Rahmen beschränkt. Takenplatten wurden nur in Eisenhütten Ost-Belgiens, Lothringens, Luxemburgs, der Eifel, des Hunsrücks und des heutigen Saarlandes hergestellt. Die ältesten bekannten Platten stammen aus dem späten 15. Jahrhundert – einer Zeit, aus der sich ansonsten aus dem ländlichen Kulturkreis nichts erhalten hat.

Die beiden Takenbilder aus Prüm zeigen einmal die Apostel Petrus und Paulus und zum anderen den Hl. Christophorus und Anna Selbdritt. Die letztere Bezeichnung definiert sich als »zu dritt« – also Großmutter Anna, Mutter Maria und das Jesuskind.

Zu Besuch bei Tante Emma

Ein Zeitbild von 1955

Unsere »Tante Emma« in Pronsfeld hieß Katharina Heinz, nur »Basten Käthchen« genannt. Ihr Domizil mit Laden befand sich mitten im Dorf, an der Kreuzung Prüm, Habscheid, Lünebach. Es war eine bescheidene Wohnung im Obergeschoss, der Ladenraum umfasste kaum mehr als 25 Quadratmeter. Aber es war wie immer früher – man war genügsam und zufrieden.

Zuerst möchte ich auf ihren freundlichen Charakter und ihr mildtätiges Wesen verweisen – nicht selbstverständlich in den Nachkriegsjahren! Selbstverständlich war es bei Käthchen – einer sehr gläubigen Junggesellin –, dass es nach jedem Einkauf für uns Kinder ein Bonbon gab, man durfte wählen zwischen einem »Zückerchen«, also einer süßen Kamelle, einem »Himbeerchen«, einem fruchtigen »Böngchen« oder einer »Malz«, das war der kleine braune Block, der es mir besonders angetan hatte.

Blieben mal zwei Pfennige übrig, wählte ich noch zusätzlich eine Kirsche, das war sogar »Kamelle plus«, nämlich ein kleiner runder Lutscher. Hatte ich mal einen Groschen zu viel, entschied ich mich immer für eine Lakritzschnekke oder ein »Pfeifchen« – bestehend aus Lakritz und einer Pfeifenfüllung aus zuckrigem buntem Süßstoff. Manchmal durfte es auch ein Schokokuss sein. Lecker für den Kindermund! Ich war immer auf's Neue begeistert.

Das »Zeitbild« ist nur deshalb so authentisch lieferbar, weil ich genau den Einkaufszettel von 1955 noch in meiner Schreibwerkstatt »wie einen Augapfel« behüte – freilich vergilbt und ramponiert. Aber was heißt das schon? Dieses Mini-Dokument ist mir persönlich so wichtig wie anderen ihre Geburtsurkunde.

Da steht es also handschriftlich auf einem Fetzen der »Trierischen Landeszeitung« von mir – ganz pingelig – mit Bleistift notiert: 500 gr Mehl, 250 gr Zucker, 1 Packung gemahlene Haselnüsse, 2 Päckchen Vanille Pudding, 2 Schoko-Pudding, Zimt, 12 Heringe, 0,5 Liter Öl, 1 Packung Batavia (Tabak für Papp), Streichhölzer, 5 Hustenbonbons (Hustelinchen). Den Endpreis weiß ich nicht mehr – ich schätze ihn aus heutiger Sicht auf 3,50 DM.

Apropos: Brot ist hier nicht aufgeführt. Das kam von Hambuch's Pitter, der von uns Roggen erhielt und wir im Gegenzug von ihm Brotmärkchen. Die weiteren Naturprodukte wurden natürlich selbst erzeugt – im Garten, in der Milchkammer und im Keller. Beispielhaft seien genannt: Sauerkraut im »Musdöppen«, »Klatschkiss« (Quark) in der kühlen Kammer, Marmeladen und Eingemachtes in der Küche.

Frischfleisch, Wurst, Obst und Gemüse fehlten ebenso im Tante Emma Laden. Auch Kartoffeln gab es nicht. Diese Lebensmittel wurden in den Haushalten selbst hergestellt. Ebenso Getränke wie Bier, Saft, Viez oder Tee. Größere Läden führten später aber auch diese Produkte. Schließlich gab es im damals 800 Einwohner-Ort Pronsfeld sechs Kaufläden und ebenso viele Gaststätten, die teilweise auch geräuchte Würstchen, Süßes und Tabak verkauften.

Käthchens Laden beherbergte auf kleinem Raum ein unfassbar großes Angebot. Essbares wie Heringe, Essig oder Öl kamen aus dem Fass, Süßigkeiten aus den dicken Glasgläsern, Maggi aus der großen Nachfüllflasche und Mehl, Zucker, Salz, Reis und Grießmehl fanden den Weg aus einem Sack in die Tüten, die sauber auf der die Theke bestimmenden Waage abgewogen wurden. Seife, Putz- und Waschmittel lagerten in einer Stellage, ebenso Tabak, Sirup, Senf und Pudding. Praktisches für die Hauswirtschaft wie Nähnadeln und Messer befanden sich ebenso wie Klebstoff, Scheren, Ziehgummi und Briefpapier in diversen Schubladen. Auch Kittelschürzen, Schnürsenkel und Gürtel waren zu haben. Im Nebenraum lagerten sogar Pantoffeln, Gartenstiefel und Kleinteile wie Nägel und Glühbirnen.

Viele Markennamen haben sich in diesen Kinderjahren regelrecht in mir eingebrannt: Reval, Overstolz, Eckstein, Grenzhäuser (Tabak), Pril, Rei, Omo (Waschmittel), Kathreiner (Kaffeeersatz), Penaten (Heilcreme), Brandt (Zwieback), Knorr (Fleischsuppe), Erdal (Schuhpflege), Frigeo (Brause) und viele andere.

Manchmal dachte ich als kleiner Junge, welch ein wohlhabendes Reich Käthchen zu betreuen hatte. Alles im eigenen Haus – wie reich musste sie nach meiner Meinung sein! Reich war sie gewiss nicht, vielleicht im karitativen Sinne. Sie spendete viel an soziale Einrichtungen und stiftete gar nach ihrem Ableben ihr Kaufhaus für einen guten Zweck.

Trepsenmechel, der Heilkundige

»Wer trinkt Tee, wenn man nicht krank ist?« So hieß es im Volksmund früher scherzhaft. »Heilkundige« wie der in der Südeifel sesshafte »Trepsenmechel« und viele andere – fast ausnahmslos Männer – wanderten zu den Erkrankten und verordneten gewisse Teesorten zur Heilung. Solche wandernden Gesellen gab es häufig in vielen Eifeldörfern – selbst waren sie oft bitterarm. Sie kauerten, wenn sie auf großer Tour waren, nachts im Stall bei dem Vieh, öfters auch über dem Backes, im wohligen Bereich. Sie hatten auf ihren Touren kaum eine Ersatzkleidung, nur ein Paar Schuhe und nichts Essbares. Essen erwarteten sie bei denen, die sie aufsuchten.

Große Mengen an Heilkräutern wurden in den Familien während der Sommer- und Herbstmonate gesammelt und getrocknet – sodann in heißem Wasser aufgebrüht. Als Universalheilmittel galt der Kamillentee. Bei Bauchweh und Erkältungen trank man Pfefferminztee, der in den Bauerngärten wuchs. Kinder bekamen im Fall einer fiebrigen Erkrankung Fencheltee, für den Magen und die Verdauung wurden Wermut und Tausendgüldenkraut herangezogen, aus dem sich »Batralzem« aufgießen ließ. Holunderblütentee half bei Wassersucht, bei Blasenleiden wurde Schachtelhalmtee verabreicht. Im Islek und im Prümer Land wurde Bitterkleetee (»Gäßkillstie«) aufgegossen, wenn jemand sich verschluckt hatte oder mit Sodbrennen zu tun hatte. Als schweißtreibendes Mittel galt der Lindenblütentee.

Der »Heilkundige« war auch immer Nachrichtenübermittler und »Märchenerzähler«. So wird ihm auch dieser Spruch angedichtet: »Batralzem, auch Eifel-Balsam genannt, ist eine Spezialität aus der Eifel. Ein Wermutaufgesetzter mit sensationeller Wirkung gegen Eifelmalaria, Eifelkater, Eifel-Myxomatose oder auch Eifel-Heimweh.«

Alte Eifeler Kinderlieder

»Eiche, popeiche,
kauch demm Kennche en Eiche,
doon em Hunech on Zückerchen dren,
schläft et och vasellewer en.«

So sang in meiner Kindheit die Nachbarin ihrem Jüngsten, wenn sie es mit süßem Brei aus Milch und Weckbrocken gefüttert hatte und wir standen abwartend dabei, um die restliche Suppe zu vertilgen.

In diese perlonberüschten Kissengrürte dringt selten ein Liedchen wie es dem Bauernkind vergangener Jahre gesungen wurde, wenn eine Großmutter oder eines der älteren Geschwister an der ererbten, knarrenden Holzwiege saßen, um es einzuwiegen:

»Anne-Kattrengchen, waar jeeiste
Op d´r Berch Äppel plöcke,
Wann de menge Heere sieess
söste: Jode Morje.
Anner Kenner spille john
Moss ech an derr Weech stohn,
micht die Weech jiggel die jack,
schloof dou kleeinen Decksack.«

Folge Verse wird ein Vater für seinen Sohn erdacht haben, wenn er ihn am Feierabend noch eine Weile auf den Armen hielt:

»Heijo derr Douse,
Maye lieet biee House,
Frauekirch es net wieet d´r vaan,
et Kennche moos en Zöppchen haan.«

Das Liedchen:

»Schloaf, Kennche schloaf,
diee Vatter hööt d´ Schoaf,
diee Motter hööt d´ bonte Kooh,
Kennche dohn d´ Öjelcher zoo.«

... kennen wir ja auch im Hochdeutschen, ebenfalls das allbekannte:

»Hoppe, hoppe Reiter,
wenn er fällt, dann schreit er ...«

Inzwischen hat das Kind die ersten Gehversuche hinter sich gebracht und es will am Ringelreih´n der älteren Geschwister teilnehmen.

»Eierkranz,
watt jillt dä Danz,
eeinen decken Daaler,
wä welt bezahle,
Glöckchen op der Mouer
schleedt zehn Ouer,
Meeister Jakob schoafe jeeiht
Moer fröh wier obsteeiht,
wann die Höhner läje,
onn die Hähncher krähe
Kikerikikikikikiiiiiii ...«

Unser Eifelkind aber wächst heran, und nimmt Anteil an seiner Umwelt. Wenn nach den ersten Mairegen, die Schnecken in der Morgenfrühe ihren Weg zeichnen, dann nimmt es sich die eine oder andere hoch und erschrocken zieht sich das Tier ins schützende Haus zurück. Dann singt das Kind, genau wie Eltern und Großeltern es bei Spiel mit den Schnecken taten.

»Schnääk, Schnääk,
streck deng vier Hörner erüss.
Wann dou datt net dies,
werfen ech dech en de deck, deck Doorheck.«

Aber nicht so sehr dem Maikäfer, sondern seinem Schwesterchen, dem schwarzgetupften Marienkäfer wird in den folgenden Wochen das weitverbreitete Liedchen gesungen:

»Hetzendiereche fleech,
fleech en d´r Kreech,
fleech bes no Pommerland
Pommerland es affjebrannt,
Hetzendiereche fleech.«

Wie freut sich das Kind, wenn das »Hitzetierchen« seine Flügel hebt und der Sonne entgegen fliegt. Der Herbst mit seinen Stürmen hat den Sommer aus der Eifel verdrängt. Die Singvögel traten längst ihre Reise nach dem warmen Süden an und die Kraniche schrieben – dank ihrer Formation – eine »Eins« an den Himmel. Nun beherrschen die Rabenvögel die verlassenen Felder, Hecken und Wiesen. Man sieht sie nicht allzu gerne, wenn sie krächzend über die Dörfer fliegen. Von der Dorfstraße her rufen ihnen einige helle Kinderstimmen schmähend nach:

»Kroah, Kroah diee Ness brennt,
steeiht en huher Flamm.«

An einem regnerischen, verhangenen Spätherbsttag ergibt sich Zeit und Muße, dem kleinen Eifler das schönste aller Kinderlieder seiner Heimat beizubringen und wer sang es nicht gerne und wird heute noch froh beim Gedanken an die sooft daher gesagten Reime:

»Bompes – Nickes – Klöassche,
soass aam Füer on schleef,
verbrannt siee Ledderbötzche,
woss net war hä leef,
Leef en op de Schanze,

feeng en aan ze danze,
leef en op et Strüeh,
feng en sech die Flüeh,
leef en op et Käämereche,
holt en sech et Häämereche,
leef en enn et Stüffche,
holt en sech et Müffche,
leef en ann de Baach,
onn lacht datt et kraacht.«

Alle Wege führen nach Gesotz

Schon früh kreuzten sich auf dem Höhenrücken bei Gesotz-Denterhof ehemalige Pfade und Wege

Dörfer schreiben ihre ureigene Geschichte. Für die einen ist es die Begründung der Kirche, für andere die Lage an einer Quelle oder einem Fluss. Der Ort Gesotz kann sich als ehemaliger und aktueller Wege- und Straßenknotenpunkt rühmen.

Woher der Name »Gesotz« kommt, ist nicht eindeutig nachzuweisen. »Fest steht aber, dass er erstmals 1552 als Grenzbeschreibung im Schönecker Salbuch auftaucht«, berichtet Robert Richter aus dem benachbarten Plütscheid. Richter beschäftigt sich seit Jahrzehnten mit der Geschichte dieser Region.

»Das Salbuch ist eine Abgabenliste mit einer Grenzbeschreibung des Hofes Plütscheid«, sagt der Heimathistoriker. Die ersten Häuser an diesem markanten Punkt zwischen dem Prüm- und Nimstal wurden hier um 1820 erbaut. Richter: »Entlang des Weges zum Gewerberwald entstand Gesotz, an der alten Begosstrasse zudem der Weiler Denterhof. Gesotz zählte vier Häuser mit 18 Bewohnern, in Denterhof stand ein Haus mit 13 Personen.« Bis heute haben sich beide Orte zu typischen Straßensiedlungen mit über 30 Häusern entwickelt.

»Interessant ist, dass auf der Wasserscheide zwischen Prüm und Nims seit altersher auch ein Grenzgebiet verschiedener Herrschaften bestand«, sagt Richter. Noch heute gehört die Ortschaft Gesotz-Denterhof zu vier verschiedenen Gemeinden: Feuerscheid, Hargarten, Lascheid und Plütscheid. Außerdem hat dieser Ort Anteil an zwei Verbandsgemeinden (Prüm und Arzfeld) sowie zwei Pfarreien (Lambertsberg und Lasel). »Das ist wirklich eine Kuriosität«, sagt Richter, der auch erforscht hat, dass hier in vorchristlicher Zeit bereits ein primitives Pfad- und Wegenetz bestand.

»Es gab hier einen frühgeschichtlichen Wegknotenpunkt«, weiß Richter. Warum das so ist, erklärt Robert Richter wie folgt: »In den engen Tälern bestand oft Versumpfungs- und Überschwemmungsgefahr, folglich führten die ersten Wege über Höhen.« Bevorzugt wurde in der westlichen Eifel eindeutig die Nord-Süd-Richtung. »Eine der wichtigsten Verbindungen war der Weg von Oberlauch über Gesotz und Hardt bis Nattenheim, der schon zur Römerzeit die Kalkmulde mit dem Gutland verband«, sagt Richter. Auch soll es ein verschollenes Römergrab bei Gesotz gegeben haben.

Der Weg über Gesotz blieb jahrhundertelang die wichtigste Verbindung vom Prümer Land zum sogenannten »Bekow«, die Straße hieß »Bekowstrasse« – durch einen Übersetzungsfehler später »Begosstrasse«. Richter: »Frühere Bezeichnungen wie Proemer Kemel (Kemel/Kim = Höhe/Berg) oder Römerstrasse weisen eindeutig auf die frühe Entstehungszeit des Weges bei Gesotz hin.« Nach und nach verloren die Höhenwege dann an Bedeutung, die Straßenbautechnik verbesserte sich und die neue

Verkehrslinie verschob sind ins Nimstal. 1926/27 wurde die Nimstalstraße zwischen Lasel und Seffern vollendet.

Bis heute ist Gesotz – Denterhof ein Straßenknotenpunkt geblieben. Fünf Verbindungen kreuzen sich hier: die L 10 von Waxweiler nach Nimsreuland, die K 132 nach Feuerscheid/Lasel, die K 194 nach Plütscheid, die K 130 nach Lambertsberg. »Letztere ist als Teil der alten Bedhardstrasse ein uralter Grenzweg und noch heute Gemeindegrenze zwischen Plütscheid und Hargarten«, sagt Robert Richter. Der einst wichtigste Weg im »Knotenpunkt Gesotz«, die Begosstraße, ist heute nur noch als Feldweg erkennbar. Dafür gibt es aber eine moderne Errungenschaft unserer Tage: die Autobahn. Diese führt nur knapp 500 Meter östlich von Gesotz zwischen Nims und Prüm wieder über einen Höhenrücken. Und wieder verbindet die Fernstraße nahe Regionen: das Prümer und das Bitburger Land.

Quelle: Trierischer Volksfreund, Ausgabe vom 16. November 2006; Redakteur: Joachim Schröder

Von Eifelanern und Moselern

Alois Mayer: Ich habe eine Grammatik-Frage, vielleicht können Sie mir helfen. Es geht darum, wie die Bewohner einer Ortschaft genannt werden. Wer in Daun wohnt, ist ein Dauner, klar, und wer in Steineberg lebt, ist ein Steineberger. Aber wie ist es etwa bei Steiningen (Steiningener oder Steininger?), Dahnen (Dahnener oder Dahner?),

Bingen (Bingener oder Binger?) – ich habe (noch) keine Regel gefunden.

Lieber Herr Mayer,
vielen Dank für Ihre Zuschrift. Ein spannendes Thema, das uns in der Redaktion fast täglich beschäftigt und immer wieder muntere Debatten auslöst! Heißt es Eifler, Eifeler oder Eifelaner? Darüber wird im Landstrich zwischen Bitburg, Daun und Prüm trefflich gestritten. Die gängigste Variante ist Eifeler, und die verwenden wir auch im TV. Die Moselaner dagegen sind sich einig, sie lehnen den Moseler ab.

Was sagt die Sprachwissenschaft dazu? Für die richtige Ableitung von Ortsnamen gibt es mehrere Regeln, aber keine, die alle Zweifelsfälle verbindlich und allgemein gültig definieren würde.

Der »Duden« empfiehlt, sich nach den jeweils ortsüblichen Formen zu richten. Der Kolumnist und Buchautor Bastian Sick (»Der Dativ ist dem Genetiv sein Tod«) meint: »Wer sich nicht zurechtfindet, braucht nicht zu verzagen: Die Einwohner sind sich mitunter selbst nicht einig, wie sie sich nennen sollen.« Als Musterbeispiel führt Sick die niedersächsische Hauptstadt an: »Die Bürger Hannovers können sowohl als hannoverische oder hannoversche Bürger wie auch als hannöverische oder hannöversche Bürger durchgehen. Und manche nennen sich auch ›Hannoveraner Bürger‹, auch wenn dies in den Ohren vieler anderer Hannoveraner falsch klingt.« Das sind fünf Optionen.

Noch einige Erkenntnisse, die der Experte Sick herausgearbeitet hat: »Die Formen auf -er sind auf dem Vormarsch, sie haben dem Adjektiv auf -isch bereits den Rang abgelaufen. Wer würde statt von Wiener Schmäh und Berliner Schnauze heute noch von ›wienerischem Schmäh‹ und ›berlinerischer Schnauze‹ sprechen? Oder vom ›lübischen Holstentor‹? Die Hansestadt kennt drei Ableitungen: von lübeckisch über lübisch bis hin zu lübsch. Trotzdem heißt es Lübecker Bucht und Lübecker Marzipan. Die Adjektivformen, insbesondere die beiden kürzeren, sind aus der Mode geraten.«

Sick sagt: Mit den unflektierbaren Nominalformen à la Lübecker, Berliner und Wiener wähnt man sich auf der sicheren Seite, weil sie bequemer sind, oftmals kürzer und meistens leichter auszusprechen als die Adjektive mit ihrem nuscheligen Sch-Laut am Ende. »Verunsicherung bereitet indes die Frage, wann man dem Bewohner nur ein -er anhängt und wann ein -aner, -iner oder -ser. Die Regel hierzu lautet: Städtenamen, die auf einem unbetonten -er enden, erhalten in der Ableitung ein -aner, um eine Doppelung der Silbe -er zu vermeiden. Also Münsteraner statt Münsterer, Jeveraner statt Jeverer.«

Bleibt unter dem Strich die Erkenntnis: Die Kombination mehrerer Sprachregeln und die jeweilige Tradition in den Orten führen meist auf die richtige Spur, aber eine General-Lösung gibt es nicht – auch nicht für die Steininger, die Dahner und die Binger.

Trierischer Volksfreund 2009

Vor 80 Jahren geplant

Der Westwall durch die Westeifel

Der Westwall war ein militärisches Verteidigungssystem entlang der westlichen Grenze Deutschlands, also auch durch das Prümer Land. Von den Alliierten »Siegried-Linie«

genannt, gehörte die Verteidigungslinie zu den umfangreichsten Bauvorhaben des Dritten Reiches. Das Bauwerk bestand aus über 18.000 Bunkern, Stollen, Panzersperren, Gräbern und verlief insgesamt 630 km von der niederländischen bis an die Schweizer Grenze. Der Westwall reiht sich zu anderen Verteidigungslinien wie der Maginot-Linie und dem Atlantikwall an.

Die Planung lief ab 1936, die Durchführung der immensen Arbeiten erfolgte 1938/39. Die Gesamtkosten bezifferten sich auf rund 3,5 Milliarden Reichsmark.

Tierisch witzig

Wenn einem das Wasser bis zum Halse steht,
sollte man den Kopf nicht hängen lassen.

******

Tierischer Dialog

Wetterhahn: Was willst du denn hier?
Taube: Einfach nur ... dich fragen, wie wird wohl das Wetter?
Wetterhahn: Hast du keine Augen im Kopf – es schneit gerade.
Taube: Und wie wird das Wetter morgen?

Wetterhahn: Ich bin kein Prophet, aber was trägst du am Fuß?
Taube: Einen Wetterorakelring.
Wetterhahn: Und wie wird das Wetter?
Taube: Kräht der Hahn auf dem Mist, bleibt es wie es ist.

******

Zwei Erdmännchen im Gespräch

Ürwin: »Was magst du mehr, meinen wunderschönen Körper oder meine überragende Intelligenz?«
Diddes: »Eher deinen Sinn für Witze.«

******

Diddes: »Wieso gibt es eigentlich keine Erdweibchen?«
Ürwin: »Ganz einfach, Diddi: Der liebe Gott hat vergessen, mir eine Rippe zu entnehmen.«

******

Ürwin: »Was bist du eigentlich von Beruf?«
Diddes: »Zauberkünstler.«
Ürwin: »Zauberkünstler?«
Diddes: »Ja, ich zersäge Mädchen.«
Ürwin: »Hast du auch Geschwister?«
Diddes: »Ja, zwei Halbschwestern.«

******

Diddes: »Also, deine blöde Katze hat heute meinen Wellensittich gefressen!«

Ürwin: »Gut, dass du es sagst, dann kriegt sie heute aber nichts mehr.«

******

Ürwin: »Hey du, sei mal nicht so garstig zu mir, wir müssen alle beide unter demselben Himmel leben.«
Diddes: »Aber wir haben nicht denselben Horizont, hey du!«

******

Diddes: »Kennst den Witz schon?«
Ürwin: »Weiß nicht.«
Diddes: »Also: Die Mutterhenne schimpft mit ihren Küken: Wenn das euer Vater wüsste! Er würde sich im Grill umdrehen.«

******

Ürwin: »Kennst du den?«
Diddes: »Lass kommen.«
Ürwin: »Zwei Tiere laufen gemeinsam durch den Wald, als einer den anderen fragt: Was bist du eigentlich für ein Tier? Dieses antwortet: Ein Wolfshund. Darauf folgt die Frage: Aha, wie geht denn das? Nun ja, meine Mutter war ein Hund und mein Vater ein Wolf! Eine Zeitlang herrscht Ruhe, dann fragt der Wolfshund: Und was bist du für ein Tier? Ein Ameisenbär!«

******

Diddes: »Brrrrrrrrrr«
Ürwin: »Wollte ich auch gerade sagen.«

Wo gehobelt wird ...

... fallen Späne, sagt der Volksmund. Und das stimmt! Allerdings beziehen wir diese Redensart in diesem Fall nicht auf den Menschen, sondern auf die tierische Ebene.

Ein einmaliges Naturschauspiel bietet sich dem Betrachter im Naturschutzgebiet Alfbachtal. Etwa zwei Kilometer unterhalb der Habscheider Mühle hat der Bibervater sich eine durchweg zweckmäßige Werkstatt eingerichtet. Das Inventar ist zwar dürftig – es braucht noch nicht einmal Zwinge, Hobel oder Feile.

Das einzige Arbeitsinstrument der fleißigen Nager sind die Zähne, mit denen Familie Biber ihre Grob- und Feinarbeit verrichtet. Der Werkstattmeister ist derzeit dabei, einige Erlen und Weidenstämme – nach gemeinsamer Fällaktion unter Mithilfe des gesamten Clans – glatt zu schleifen und zu polieren. In einem besonderen Fall wird ein Teilstück der Erle derzeit in akribischer Feinarbeit »portioniert«. Lükken, Kerben und Dellen sollen später einmal dazu dienen, Baumteile geordnet zu archivieren.

Dass bei den Fäll- und Detailarbeiten in Bibervaters Werkstatt auch noch etwas für den hungrigen Magen abfällt, ist durchaus ein positiver Nebeneffekt. Und was an Reststücken in der Arbeitsstube keine Verwendung mehr findet, wird umgehend als Bauteil für die nächste Burg reserviert.

DER MAHNER

MENSCH DIESER ERDE,
WER DU AUCH BIST,
WOHER DU AUCH KOMMST,
WOHIN DU AUCH GEHST,

BEDENKE,

GOTT, DER ALLMÄCHTIGE,
HAT DIR DIES LEBEN GELIEHEN,
UNTERSCHEIDEN ZU LERNEN,
DAS GUTE VOM BÖSEN.
NUTZE DEIN LEBEN,
DAS GUTE ZU TUN.

NATÜR- lich EIFEL

ZITATE

Sobald ich in der Eifel bin,
beginnt ein wunderbares Konzert des Erlebens,
an dem alle Sinne beteiligt sind.
Nur ihr Zusammenspiel vermag die Fülle der Eindrücke
zu fassen.
(Hermann-Josef Schüren)

Zu fällen einen schönen Baum,
braucht's eine Viertelstunde kaum.
Zu wachsen, bis man ihn bewundert,
braucht er, bedenkt es, ein Jahrhundert.
(von Eugen Roth)

Der Herbst ist ein zweiter Frühling,
wo jedes Blatt zur Blüte wird.
(von Albert Camus)

Die Folianten vergilben,
der Städte gelehrter Glanz erbleicht,
aber das Buch der Natur erhält jedes Jahr eine neue
Auflage.
(von Hans Christian Andersen)

Wer den Baum nur als Brennholz wertet,
hat keine Ahnung, was der Baum insgesamt ist.
(von Tagore)

Wo alle Grenzen sich durchschneiden,
alle Widersprüche sich berühren,
da ist der Punkt, wo das Leben entspringt.
(von Friedrich Hebbel)

Die Blume ist ein Wort,
ein Ausdruck,
ein Seufzer aus voller Brust
(von Bettina von Arnim)

Die Dunkelheit ist eine Morgendämmerung,
die darauf wartet, geboren zu werden
(von Khalil Gibran)

Die Welt ist immer so wie du:
Ein Lächeln, und sie lacht dir zu,
ein wenig Trotz, ein wenig Zorn
und statt der Rose blüht der Dorn
(von Simon Dach)

Aller Tod in der Natur ist Geburt,
gerade im Sterben erscheint sichtbar
die Erhöhung des Lebens
(von Johann Gottlieb Fichte)

Alles was gegen die Natur ist,
hat auf Dauer keinen Bestand.
(von Charles Darwin)

Wir leben in einem gefährlichen Zeitalter.
Der Mensch beherrscht die Natur,
bevor er gelernt hat,
sich selbst zu beherrschen.
(von Albert Schweitzer)

Zum Dank dafür,
dass die Sonne sie bescheint,
werfen die Dinge Schatten.
(von Bertolt Brecht)

Und dräut der Winter noch so sehr
mit trotzigen Gebärden;
und streut er Eis und Schnee umher,
es muss doch Frühling werden.
(von Emanuel Geibel)

Wem Mutter Natur ein Gärtchen gibt und Rosen,
dem gibt sie auch Raupen und Blattläuse,
damit er's verlernt, sich über Kleinigkeiten zu entrüsten.
(von Wilhelm Busch)

Blumen sind das Lächeln der Erde.
(von Ralph Waldo Emerson)

In tausend Blumen steht die Liebesschrift geprägt,
wie ist die Erde schön, wenn sie den Himmel trägt!
(von Friedrich Rückert)

Am Grunde des Herzens eines jeden Winters
liegt ein Frühlingsahnen.
(von Khalil Gibran)

Die Natur ist ein Brief Gottes an die Menschheit.
(von Platon)

Blumen sind die schönen Worte und Hieroglyphen der Natur,
mit denen sie uns andeutet, wie lieb sie uns hat.
(von Johann Wolfgang von Goethe)

Eine Blume, die sich erschließt, macht keinen Lärm dabei.
Auf leisen Sohlen wandeln die Schönheit, das wahre Glück
und das echte Heldentum.
Unbemerkt kommt alles, was Dauer haben wird.
(von Wilhelm Raabe)

Sonnenschein ist köstlich, Regen erfrischt,
Wind kräftigt, Schnee erheitert.
Es gibt kein schlechtes Wetter,
es gibt nur verschiedene Arten von gutem.
(von John Ruskin)

Ich werde nie zum Frühling sagen:
Verzeihen Sie, Sie haben dort ein welkes Blatt!
Oder zum Herbst: Nehmen Sie es ja nicht übel,
aber dieser Apfel ist nur zur Hälfte rot.
(von Friedrich Hebbel)

Unkraut ist eine Pflanze,
deren Tugenden noch nicht entdeckt wurden.
(von Ralph Waldo Emerson)

Blumen sind die Liebesgedanken der Natur.
(von Bettina von Arnim)

Nun lass den Sommer gehen,
Lass Sturm und Winde wehen.
Bleibt diese Rose mein,
Wie könnt ich traurig sein?
(von Joseph von Eichendorff)

Im Nebel ruhet noch die Welt,
noch träumen Wald und Wiesen:
bald siehst du, wenn der Schleier fällt,
den blauen Himmel unverstellt,
herbstkräftig die gedämpfte Welt
in warmem Golde fließen.
(von Eduard Mörike)

Es deutet die fallende Blüte dem Gärtner,
dass die liebliche Frucht schwellend im Herbste gedeiht.
(von Johann Wolfgang von Goethe)

Ich ziehe deshalb den Herbst dem Frühjahr vor,
weil das Auge im Herbst den Himmel,
im Frühjahr aber die Erde sucht.
(von Sören Kierkegaard)

Der Frühling ist zwar schön;
doch wenn der Herbst nicht wär',
wär' zwar das Auge satt,
der Magen aber leer.
(von Friedrich von Logau)

Das Herz und die Rose sind das einzig unvergängliche.
(von Philippus Theophrastus Paracelsus)

Die schönsten Dinge auf der Welt sind die nutzlosesten;
zum Beispiel Pfauen und Lilien.
(von John Ruskin)

Wir haben uns die Erde nicht unterworfen.
Wir haben ihr nur tiefe Wunden geschlagen.
(von Georg Simmel)

Was hilft aller Sonnenaufgang, wenn wir nicht aufstehen.
(von Georg Christoph Lichtenberg)

Einen Regenbogen,
der eine Viertelstunde steht,
sieht man nicht mehr.
(von Johann Wolfgang von Goethe)

Im Herbst steht in den Gärten
die Stille, für die wir keine Zeit haben.
(von Victor Auburtin)

Pass dich dem Schritt der Natur an;
ihr Geheimnis heißt Geduld.
(von Ralph Waldo Emerson)

Blumen sind an jedem Weg zu finden,
doch nicht jeder weiß den Kranz zu binden.
(von Anastasius Grün)

Die Stimmung der äußeren Natur
ist stets nur ein Spiegel unseres Gemüts.
(von Peter Rosegger)

Die Natur hat Vollkommenheit, um zu zeigen,
dass sie das Abbild Gottes ist,
und Mängel, um zu zeigen,
dass sie nur das Abbild ist.
(von Blaise Pascal)

Der Sturm sprach einst:
»Ich kenne die Welt, denn ich zerpflücke sie.«
Da sprach der Reif:
»Ich kenne die Welt, denn ich erdrücke sie.«
Die Sonne lacht:
»Ich kenne sie besser. Ich beglücke sie!«
(von Carmen Sylva)

Schnell wachsende Keime welken geschwinde,
zu lange Bäume brechen im Winde.
(von Wilhelm Busch)

Die Natur versteht keinen Spaß,
sie ist immer wahr, sie hat immer recht,
und die Fehler und Irrtümer sind immer die der Menschen.
(von Johann Wolfgang von Goethe)

Nur die Natur tut Großes umsonst.
(von Alexander Herzen)

Wer am Gipfel des Baumes Früchte sehen will,
der nähre seine Wurzeln.
(von Johann Gottfried Herder)

Wer Bäume setzt, obwohl er weiß,
dass er nie in ihrem Schatten sitzen wird,
hat zumindest angefangen,
den Sinn des Lebens zu begreifen.
(von Rabindranath Tagore)

Ich habe heute ein paar Blumen nicht gepflückt,
um dir ihr Leben zu schenken.
(von Christian Morgenstern)

Mach dir nicht vor,
du wolltest Irrtümer in der Natur verbessern.
In der Natur ist kein Irrtum, sondern der Irrtum ist in dir.
(von Leonardo da Vinci)

Liebe zur Natur ist die einzige Liebe,
die menschliche Hoffnungen nicht enttäuscht.
(von Honoré de Balzac)

Die Natur ist das einzige Buch,
das auf allen Blättern großen Inhalt bietet.
(von Johann Wolfgang von Goethe)

Wer sich im Sommer über die Sonne freut,
trägt sie im Winter in seinem Herzen.
(von Rainer Haak)

Einen Lehrer gibt es, wenn wir ihn verstehen –
es ist die Natur
(von Heinrich von Kleist)

Mai: Dieser Monat ist ein Kuss,
den der Himmel gibt der Erde,
dass sie jetzt und seine Braut, künftig eine Mutter werde.
(von Friedrich von Logau)

Alle Wesen leben vom Lichte,
jedes glückliche Geschöpf,
die Pflanze selbst,
kehrt freudig sich zum Licht.
(von Friedrich von Schiller)

Die Natur ist ein Verschwender, der keine Kosten scheut,
um sein Werk in kürzester Zeit zu vollenden.
(von Thomas Alva Edison)

Natur wiederholt ewig in weiterer Ausdehnung denselben
Gedanken. Darum ist der Tropfen ein Bild des Meeres.
(von Friedrich Hebbel)

Die meisten Menschen wissen gar nicht,
wie schön die Welt ist,
und wie viel Pracht in den kleinsten Dingen,
in irgend einer Pflanze, einem Stein, einer Baumrinde
oder einem Birkenblatt sich offenbart.
(von Rainer Maria Rilke)

Du wirst mehr in den Wäldern finden als in den Büchern.
Die Bäume und die Steine werden dich Dinge lehren, die
dir kein Mensch sagen wird.
(von Bernhard von Clairvaux)

Ein jeder Frühling ist neue Feier der großen Vereinigung
der männlichen und weiblichen Natur.
(von Johann Joseph von Görres)

Man kann einen Baum nicht nach der Güte seiner Blätter
einschätzen,
sondern nur nach der Güte seiner Früchte.
(von Giordano Bruno)

Wir sind so gerne in der freien Natur,
weil diese keine Meinung über uns hat.
(von Friedrich Nietzsche)

Ein Strahl Sonne kann mehr wecken,
als tausend Nächte zu ersticken vermögen.
(von Carl Ludwig Schleich)

Nur durch den Winter,
wird der Lenz errungen.
(von Gottfried Keller)

Das Tier hat ein fühlendes Herz wie du.
Das Tier hat Freude und Schmerz wie du.
Das Tier hat einen Hang zum Streben wie du,
das Tier hat ein Recht zu leben wie du.
(von Peter Rosegger)

Komm doch in den Garten, ich möchte gerne,
dass meine Rosen Dich sehen …
(von Richard Brinsley Sheridan)

Jeden Morgen in meinem Garten
öffnen neue Blüten sich dem Tag.
Überall ein heimliches Erwarten,
das nun länger nicht mehr zögern mag.
(von Matthias Claudius)

Über Rosen lässt sich dichten,
in die Äpfel muss man beißen.
(von Carl Maria von Weber)

In jedem Geschöpf der Natur lebt das Wunderbare.
(von Antisthenes)

Es ist wahr:
Die Blumen können uns nicht ernähren,
aber sie machen die Freude des Lebens aus.
(von André Gide)

Luft und Licht sind die Liebhaber der Blumen,
aber das Licht ist der Begünstigte.
Zum Licht wenden sie sich, verschwindet es,
so rollen sie ihre Blätter zusammen und schlafen in der Umarmung der Luft ein.
(von Hans Christian Andersen)

Nichts hat mir auch nur annähernd zu so vielen Erkenntnissen verholfen,
wie Landschaften und deren Entsprechungen in meiner Seele.
(von Reinhold Messner)

Aus derselben Ackerkrume
wächst das Unkraut wie die Blume.
(von William Shakespeare)

Durch die Natur wird das Herz des Menschen
gemildert und gesänftigt.
(von Adalbert Stifter)

Wenn Blumen, gleichgültig welcher Farben und Formen
zusammenstehen, kann nie ein Bild der Disharmonie
entstehen.
(von Vincent van Gogh)

Die Natur ist ein sehr gutes Beruhigungsmittel.
(von Anton Tschechow)

Je größer aber ein Mensch ist,
desto mehr neigt er dazu,
vor einer Blume niederzuknien.
(von Gilbert Keith Chesterton)

Wem Mutter Natur ein Gärtchen gibt und Rosen,
dem gibt sie auch Raupen und Blattläuse,
damit er's verlernt,
sich über Kleinigkeiten aufzuregen.
(von Wilhelm Busch)

Die Blume ist das Lächeln der Pflanze.
(von Peter Hille)

Wer Pflanzen wachsen lässt,
der hat auch Schmetterlinge.
(von Else Pannek)

Die Erde ist eine Gondel,
die an der Sonne hängt
und auf der wir aus einer Jahreszeit in die andere fahren.
(von Johann Peter Hebel)

Der glücklichste Mensch ist derjenige,
der von der Natur die Verehrung lernt.
(von Ralph Waldo Emerson)

Die Vernunft ist ein Licht.
Davon will und soll die Natur erleuchtet,
jedoch nicht in Brand gesteckt werden.
(von Giacomo Leopardi)

Wer den Baum nur als Brennholz wertet,
hat keine Ahnung, was der Baum insgesamt ist.
(von Rabindranath Tagore)

Wie kahl und jämmerlich
würde manches Stück Erde aussehen,
wenn kein Unkraut darauf wüchse.
(von Wilhelm Raabe)

Wenn einer, der mit Mühe
gestiegen ist auf einen Baum,
schon meint, dass er ein Vöglein wär,
so irrt sich der.
(von Wilhelm Busch)

Vergiss nicht, dass jede Wolke, so schwarz wie sie ist,
dem Himmel zugewandt, doch ihre Sonnenseite hat.
(von Friedrich Wilhelm Weber)

Fest und stark ist nur der Baum,
der unablässig Winden ausgesetzt war,
denn im Kampf festigen und verstärken sich seine
Wurzeln.
(von Seneca)

Die Pracht der Gärten
hat stets die Liebe zur Natur zur Voraussetzung.
(von Germaine Madame de Stael)

Unsere gemeinsame Mutter Natur zeigt ihren Kindern
immer deutlicher, dass ihr der Geduldsfaden gerissen ist.
(von Dalei Lama)

Bäume sind Gedichte,
die die Erde in den Himmel schreibt.
(von Khalil Gibran)

Blumen sind das Lächeln der Natur.
Es geht auch ohne sie, aber nicht so gut.
(von Max Reger)

Das Leben zeugt Blumen und Bienen.
Blumen, das sind die schöpferischen Geister,
und Bienen die anderen, die daraus Honig sammeln.
(von Christian Morgenstern)

Das Prinzip aller Dinge ist das Wasser.
Aus Wasser ist alles,
und ins Wasser kehrt alles zurück.
(von Thales von Milet)

Das Paradies liegt nicht auf Erden,
aber Stückchen davon sind wohl vorhanden.
(von Jules Renard)

Habt Ehrfurcht vor dem Baum, er ist ein einziges großes Wunder, euren Vorfahren war er heilig. Die Feindschaft gegen den Baum ist ein Zeichen der Minderwertigkeit eines Volkes und von niederer Gesinnung des Einzelnen.
(von Alexander von Humboldt)

Wenn die Sonne ihre Strahlen verbirgt,
zieht auch die Welt ihre Freude zurück.
(von Hildegard von Bingen)

Das Firmament ist der Thron aller Schönheit,
wie auch der Mensch seinen Thron hat, die Erde nämlich.
(von Hildegard von Bingen)

Warum denn warten von Tag zu Tag?
Es blüht im Garten, was blühen mag.
(von Klaus Groth)

Ach, die liebe Wintersonne!
Sie ist traurig wie eine glückliche Erinnerung.
(von Gustave Flaubert)

Die Natur ist des Irrtums unfähig.
(von Thomas Hobbes)

Jeder Grashalm, jedes Blatt, jede einzelne Blüte
ist ein Zeichen der Hoffnung.
(von John Richard Jefferies)

Die Liebe zum Gärtnern ist eine Saat,
die einmal gesät niemals stirbt.
(von Gertrude Jekyll)

Berufs- und Zunftlieder

Schneider:

Die Schneider hielten's Grindelsfest
am Tag Sanct Bartholomä,
da waren ihrer neunzig,
neunmal neun und neunzig
versammelt auf der Höh'.

Und als die Schneider versammelt warn,
da hielten sie einen Rat,
da saßen ihrer neunzig,
neunmal neunundneunzig
auf einem Kartenblatt.

Und als sie auf der Herberg' war'n,
da hielten sie einen Schmaus,
da fraßen ihrer neunzig,
neunmal neunundneunzig
vor einer gebrat'n Maus.

Und als das Mahl verzehret war,
da hatten sie auch Durst,
da tranken ihrer neunzig,
neunmal neunundneunzig
aus einem Fingerhut.

Und als die Schneider lustig war'n,
da hielten sie auch Tanz,
da tanzten ihrer neunzig,
neunmal neunundneunzig
auf einem Geißenschwanz.

Die Leineweber

Die Leineweber haben eine saubere Zunft,
Mittfasten halten sie Zusammenkunft.
Aschegraue, dunkelblaue,
mir ein Viertel, dir ein Viertel.
Fein oder grob,
gegessen wern se doch mit der Julle,
mit der Spule,
mit der schrum, schrum, schrum.

Die Leineweber haben sich ein Haus gebaut,
von Buttermilch und Sauerkraut.

Die Leineweber schlachten alle Jahr zwei Schwein,
das eine ist gestohlen, das andre ist nicht sein.

Die Leineweber nehmen keine Lehrjungen an,
der nicht sechs Wochen lang fasten kann.

Die Leineweber haben ein Schifflein klein,
da setzen sie die Wanzen und die Flöhe hinein.

Die Leineweber machen eine saubere Musik,
als führen zwölf Müllerwagen über die Brück.

Der Fuhrknecht

Es fuhr ein Fuhrknecht über'n Rhein,
der kehrt beim jungen Pfalzgraf ein,
der kehrt beim jungen Pfalzgraf ein.

Er fuhr ein schönes Faß voll Wein,
der Pfalzgraf schenkt ihm selber ein.

Es leb der Fürst, es leb der Knecht!
Ein jeder tu das Seine recht.

So trank der Fürst, so trank der Knecht,
und Wein und Treue waren echt.

Der Scherenschleifer

Es kam ein fremder Schleifer daher,
er schleift die Messer und die Scher.

Den Jungfraun schleif ich sie umsunst,
mit meiner schönen Schleiferkunst.

Ich hab im Sinn, nach ... zu fahrn,
mit meinem schönen Schleiferkarrn.

In ... sind auch große Herrn,
die mir was zu verdienen gebn.

Nur eines steht mir sehr wohl an:
Ich kann des Hofmanns Lisl han.

Zu Haus hab ich ein gar faules Weib,
drum hab ich auch kein Hemd am Leib.

Sie kocht mir selten die Suppe warm,
das Gemüs ist geschmelzt dass Gott erbarm.

Ach! Scherenschleifer, schleif nur zu
denn schöne Mädchen gibts genu.

Alle Handwerker

Frisch, lustig und fröhlich,
ihr Handwerksgesellen!
Und tut euch mit ängstlichen
Sorgen nicht quälen!
Denn nicht Reichtum macht glücklich,
Zufriedenheit macht reich;
Wir alle sind Brüder,
wir alle sind gleich.

Wir haben schon Kaiser und Könige gesehen,
sie tragen goldne Kronen und müssen vergehen.

Der Reiche lebt herrlich in großen Palasten,
der Arme muss ja oft hungern und fasten.

Sprüche rund um die Küche

Wer sich für andere aufrichtig interessiert, der gewinnt in zwei Monaten mehr Menschen als einer, der sich zwei Jahre lang darum bemüht, andere für sich zu interessieren.

Montag – lass die Arbeit ruh'n,
Dienstag sollst du wenig tun.
Von der gesamten Plackerei
Mach dich dann am Mittwoch frei.
Donnerstag lohnt kein Beginnen,
Freitag sollst du dich besinnen,

dass am Samstag Ruhe sei –
Sonntag hast du endlich frei.

Nach einem guten Essen kann man allen Menschen verzeihen, sogar den eigenen Verwandten.

Wer gut gegessen hat, meint, dass auch die Nachbarn satt sind.

Was man in die Pfanne nicht hineintut, kommt auch nicht heraus.

Zeit haben nur diejenigen, die es zu nichts gebracht haben. Und damit haben sie es weiter gebracht als alle anderen.

Leute, die einem sagen, man solle sich nicht über Kleinigkeiten ärgern, haben noch nie eine Fliege in der Suppe gesehen.

Ein Fisch will dreimal schwimmen: in Wasser, Schmalz und Wein.

Trautes Heim Glück allein.

Fünf sind geladen, zehn sind gekommen.

Gieß' Wasser zu Suppe, heiß' alle willkommen.

Bei gutem Essen möchte man am liebsten platzen,
bei schlechtem Essen am liebsten hungern.

Das Essen soll zuerst das Auge erfreuen und dann den Magen.

Der Magen eines gebildeten Menschen hat die besten Eigenschaften eines edlen Herzens: Sensibilität und Dankbarkeit.

Ein gutes Essen ist Balsam für die Seele.

Eine gute Küche ist das Fundament allen Glücks.

Die Königin der Kochrezepte ist die Phantasie.

Die Sauce ist für die Kochkunst, was die Grammatik für die Sprache.

Die Verdauung beginnt in der Küche.

Am häuslichen Herd sei Glück Dir beschert.

Die Küche ist die schönste Zier des ganzen Hauses, glaube mir!

Die Küche rein, das Essen fein. Anders darf's bei mir nicht sein.

Eigener Herd ist Goldes wert.

Ein gutes Mahl lohnt Müh und Qual.

Ist klein der Herd, wenn alles blitzt, kann glücklich sein, wer ihn besitzt.

Jede Gattin, klug und weise, kocht des Mannes Lieblingsspeise.

Kochst Du gut zu Haus, geht Dein Mann nicht aus.

Köchin, spare mit dem Feuer, denn die Kohlen sind gar teuer.

Kohlen sind von großem Nutzen. Musst aber auch den Ofen putzen!

Kommt zu Dir ein Gast, gib so gut Du's hast.

Schau nicht in's Töpfchen, lieber Mann. Die Küche geht Dich gar nichts an.

Von Liebe allein wird keiner satt. Wohl dem, der was zu löffeln hat.

Zum Kochen braucht man Geld und Ruh`. Aber keinen Mann dazu.

Früher hat der Mann der Frau beim Abwaschen geholfen. Heute hilft die Frau dem Mann beim Abtrocknen.

Mama, kochst Du heute Klöße? Ich will doch dann zum Ping Pong.

Kannst du heute etwas mehr Pudding kochen. Ich wollte doch noch die Fenster verkitten.

Dein Mann kann nicht mit ansehen, wie Du Dich abschuftest. Mach' doch die Küchentüre zu.

Ich liebe es mit Wein zu kochen.
Manchmal trinke ich ihn auch.

Eifeler Bauernregeln

Januar

- Am Neujahrstage Sonnenschein lässt das Jahr uns fruchtbar sein.
- War bis zu Dreikönig kein rechter Winter, dann kommt auch keiner mehr dahinter. (+ lokale Varianten)
- Ist Dreikönig hell und klar, gibt's guten Wein im neuen Jahr.
- Große Kälte am Antoni-Tag nicht sehr lange halten mag. (Antonius = 17.1.)

Februar

- Wenn's zu Lichtmess stürmt und schneit, ist der Frühling nicht mehr weit.
- Ist's zur Lichtmess hell und klar, ist der Winter weder halb noch gar. Oder:
- Sonnt sich der Dachs in der Lichtmesswoch', bleibt er 4 Wochen noch in sei'm Loch!

- Hat der Valentin Regenwasser, wird der Frühling noch viel nasser. (Valentin = 14.2.)
- Hat Petri Stuhlfeier noch Eis und viel Ost, dann bringt der Feber noch starken Frost.

März

- Märzen-Schnee tut den Saaten weh.
- Gibt's im März zu vielen Regen, bringt die Ernte wenig Segen.
- Soll das Korn gar üppig stehen, so soll man es an St. Benedikt säen. (Benedikt = 21.3.)
- Mariä Verkündung hell und klar, ist ein Segen fürs ganze Jahr. (Verkündigung = 25.3.)
- Ist zu Rupert der Himmel rein, wird er's auch im Juli sein. (Rupert = 27.3.)

April

- April macht das, was er will.
- Wenn der April bläst ins Horn, steht es gut um Heu und Korn.
- War's an Ambrosius schön und rein, wird's an Florian um so wilder sein. (4.4. / 4.5.)
- Ezechiel, mach schnell, mach's fein, tu deinen Lein' ins Geld hinein. (zur Lein-Aussaat 10. April)
- Hört Waltraud nicht den Kuckuck schrein, dann muss er wohl erfroren sein. (erinnerlich; 9. April)

Mai

- Mairegen bringt Segen.
- Ein Bienenschwarm im Mai ist wert ein Fuder Heu.

- Wenn Tränen weint der Stanislaus, werden blanke Heller draus. (Stanislaus = 7.5.; Heller = Silbermünze)
- Pankraz, Servaz, Bonifazi, drei frostige Lumpazi. (= Eisheilige, 12.–14. Mai)
- Heiliger Nepomuk, treib' uns die Wassergüss' zuruck! (Joh.Nepomuk = 16.5.)

Juni

- Menschensinn und Juniwind ändern sich oft sehr geschwind.
- Gibt's im Juni Donnerwetter, wird g'wiss das Getreide fetter.
- An St. Medardus wird ausgemacht, ob 40 Tage die Sonne lacht. (Medardus = 8.6.)
- Hat Margret keinen Sonnenschein, dann kommt das Heu nie trocken rein. (Margret = 10.6.)
- Wenn St. Barnabas bringt Regen, dann gibt's reichen Traubensegen. (Barnabas = 11.6.)
- Das Wetter am Siebenschläfertag sieben Wochen bleiben mag. (Siebenschläfer = 27.6.)
- Funkeln heut' die Stern', spielt bald der Wind den Herrn. (siehe auch Szintillation)

Juli

- Bringt der Juli heiße Glut, gerät auch der September gut.
- Maria Heimsuch wird's bestellt, wie's Wetter vierzig Tag sich hält. (Mariä Heimsuchung = 2.7.)
- Wie's Wetter an St. Margaret, dasselbe noch vier Wochen steht. (Margareta = 13.7.; alte Erfahrung mit sommerlichen Hoch/Tiefdrucklagen, oft »verregneter Urlaub«)

August

- Augustregen wirkt wie Gift, wenn er die reifenden Trauben trifft. Jedoch:
- Stellt im August sich Regen ein, so regnet's Honig und guten Wein.
- Hitze an St. Dominikus – ein strenger Winter kommen muss (Dominikus = 4./8.8.)
- Wie das Wetter an Kassian, hält es viele Tage an (Kassian = 13.8.; siehe auch Anmerkung Wetterlage 13. Juli)

September

- Am feinen Septemberregen ist dem Bauer gelegen.
- Wenn im September die Spinnen kriechen, sie einen harten Winter riechen.
- Wie das Wetter am Magnustag, so es vier Wochen bleiben mag. (Magnus = 6.9.)
- Maria Geburt fliegen die Schwalben fort (Ma. Geburt = 8.9.)
- Matthäus, wenn er weint statt lacht, Essig aus dem Wein er macht. (Matthäus = 21.9.)

Oktober

- Viel Oktober-Regen ist für die Felder ein Segen.
- Regnet's an Sankt Dionys, wird der Winter nass gewiss. (Dionysus = 9.10.)
- Ursula bringt's Kraut herein, sonst schneien Simon und Juda drein. (21./28.10.)
- Mit Crispin sind alle Fliegen hin. (Crispin = 25.10.)
- Sankt Wolfgang Regen verspricht ein Jahr voller Segen. (31.10.)

November

- Je mehr Schnee im November fällt, desto fruchtbarer wird das Feld.
- Hat der November einen weißen Bart, wird der Winter lang und hart.
- Bringt Allerheiligen (01.11.) einen Winter, so bringt Martini (11.11.) einen Sommer
- Ist es um Martini trüb, wird der Winter lind und lieb. (Martin = 11.11.)

Dezember

- Auf kalten Dezember mit tüchtigem Schnee folgt fruchtbar Jahr mit reichlich Klee.
- Dezember mild, mit vielem Regen, ist für die Saat kein großer Segen.
- Fließt im Dezember noch der Birkensaft, dann kriegt der Winter keine Kraft.
- Weihnacht im Schnee – Ostern im Klee.
- Aufs Wetter gib wohl acht von Christtag bis Dreikönigsnacht (6.1.), es zeigt dir, was das Jahr dann wacht.

Buchveröffentlichungen Joachim Schröder

* Brauchtumslandschaft Eifel – Bräuche und Feste im Jahreskreis (1996) – vergriffen

* Brauchtumslandschaft Eifel - Feiern, Feste und Bräuche in Haus und Familie (1997) – vergriffen

* Brauchtumslandschaft Eifel - Volksfrömmigkeit früher und heute (1998)

* Von Kesselflickern, Kalkbrennern und Korbflechtern – Handwerk und Gewerbe im alten Eifeldorf (1999)

* Von Kurbeln, Kesselhaken und Kappessteinen – Ländliches Leben und Schaffen im alten Eifeldorf (2000)

* Im stillen Eifelhaus – Eine Reise in die Vergangenheit (2006)

* Immerwährender Eifeler Bauern- und Hauskalender (2008)

* Leben und Arbeiten in der Vulkan- und Westeifel (2009)

* Brauchtum in der Westeifel (2010)

* Weihnachten im Eifelland (2011)

* Die Vulkaneifel – Fotos von Fredy Lange (2012)

* Was Oma einst anrichtete – Eifeler Küchengeschichten (2012, Eigenverlag – vergriffen)

* Watt kouchst du Mamchen? (3. Auflage unter neuem Titel, 2013)

* Zu Besuch im frühen Eifeldorf (2014)

* Ist der Bauer voll mit Bierchen, geht er heim auf allen Vierchen (2015)

* Weihnachten im Eifelland (Verbesserte Neuauflage, 2015)

*Es begab sich dereinst im Eifelland – Eefeler Verzellcher (2016)

* Volkstümliche Plaudereien am Kamin – Eefeler Verzellcher Bd.2 (2017)

* Volkstümliche Plaudereien auf der Hofbank – Eefeler Verzellcher Bd.3 (2018)

Joachim »Achim« Schröder
(»Wer rastet, der rostet – Wer schreibt, der bleibt«)

Der Autor

Joachim Schröder, geboren am 1. Mai 1949 in Pronsfeld/Eifel. Nach dem Besuch der Volksschule in Pronsfeld Besuch des Regino-Gymnasiums Prüms, Abitur 1969. Studium an der Erziehungswissenschaftlichen Hochschule Koblenz mit Staatsexamen 1972. Von 1972 bis 2008 Lehrer an der Wandalbert-Hauptschule in Prüm. Seit Juli 2008 im Ruhestand.
www.joachim-schroeder.com

JOACHIM SCHRÖDER

Es begab sich dereinst im Eifelland ...

Eefeler Verzellcher Band 1

2. Auflage

222 Seiten, 15,00 EUR

ISBN: 978-3-96123-021-1

Joachim Schröder hat im ersten Band seiner »Eefeler Verzellcher« ein wahres »Schatzkästlein« an Eifeler Sprüchen, Rätseln, Geschichten und Geschichtchen zusammengestellt. Eifeler Steckelcher und Verzellcher, das meint nichts anderes als Erzählstücke, die in der Eifel seit frühester Zeit mündlich überliefert wurden und noch immer werden. Sie bezaubern durch Originalität, die richtige sprachliche Würze und oft genug eine gewisse Derbheit. Die Eefeler Verzellcher sen nu mol wie se sen: hart, aber herzlich.

GERTRUD MÜLLEN

Der weite Weg zum Markt

Eine Eifeler Bäuerin erzählt aus ihrem Leben

182 Seiten, 15,00 EUR

ISBN: 978-3-96123-038-9

Kleine« Erzählungen sind immer Bestandteil einer »großen« Geschichte. Die hier gesammelten und mit erläuternden Passagen ihres Enkelsohnes Wolfgang Weil ergänzten Berichte von Gertrud Müllen schildern den harten bäuerlichen Alltag in den beiden am südlichen Rand der Vulkaneifel gelegenen Dörfern Filz und Lutzerath, von den 1910ern bis in die 1960er Jahre hinein. Sie wurden weitgehend wörtlich aus dem Dialekt ins Hochdeutsche übersetzt und zeigen das ungeschminkte Bild des dörflichen Lebens in jener Zeit: Manchmal ausgelassene Lebensfreude, aber vorwiegend Mühsal, Arbeit und Not.

Gertrud Müllens Erinnerungen zeugen von gewaltigen Umbrüchen im Leben der »einfachen« Landbevölkerung in der Eifel im zwanzigsten Jahrhundert, in dessen Verlauf die feudale Ordnung bereits weitgehend zerstört, die neue bürgerliche Marktordnung sich aber noch nicht gänzlich und in jedem Winkel durchgesetzt hatte. Dieser weite Weg zum Markt ist die »große« Geschichte, die sich in vergleichbar einfacher Sprache, aber größter Anschaulichkeit entfaltet.

NANNY LAMBRECHT

Die Gespensterbrücke

Wiederentdeckte Texte, Band 1

114 Seiten, 12,00 EUR

ISBN: 978-3-96123-035-8

Nanny Lambrecht war in den ersten drei Jahrzehnten des zwanzigsten Jahrhunderts eine überregional bekannte und erfolgreiche Autorin. Sie veröffentlichte zwanzig Romane und mehrere Bände mit Kurzprosa, in denen sie das harte Leben der Menschen im Venn und im Hunsrück in naturalistischer Art und Weise abbildet.

Neben der titelgebenden Schauergeschichte über die »Gespensterbrücke« hat der Herausgeber Manfred Moßmann unter anderem die Erzählung »Das Lumpenfränz«, in der es um die erdrückende Armut der Protagonistin und ihres Jungen geht, und die Novelle »Der Hirt im Moor« ausgewählt, die durch Wortneuschöpfungen und eine gelungene Literarisierung der Landschaft besticht.